愛氣創造

シマセイキ創業者　島正博とその時代

辻野訓司

産經新聞出版

はしがき

2021（令和3）年のNHK大河ドラマ「青天を衝け」は〝日本資本主義の父〟と呼ばれる渋沢栄一の生涯を描いた番組だ。栄一は幕末から昭和初期にかけての時代を生き、生涯に約500もの企業・経済団体の設立や経営に関わり、約600の社会公共事業に尽力、ノーベル平和賞候補に二度のぼり、2024（令和6）年には1万円札の肖像として登場することになっている。利益を独占するのではなく公益を重んじ、富は社会に還元して社会全般が豊かになる事を目指すべきだと説き、社会起業家（ソーシャル・アントレプレナー）の日本での草分けとされている。

社会起業家とは、社会の課題に対して事業的な手法で取り組み解決する人、いいかえると社会変革をおこなうためにベンチャー企業や組織を立ち上げる起業家を指す。昔でいえば、看護学校を設立して継続的な看護を可能にしたフローレンス・ナイチンゲールや協同組合活動の仕組みを考え出したロバート・オウエン、最近では貧困女性たちへの小口貸付制度を考え出してノーベル平和賞を受けたグラミン銀行創設者のムハマド・ユヌスなどが挙げられる。

コンピューター制御横編機で世界トップシェアを誇る東証1部上場企業「島精機製作所」（本社・和歌山市）の創業会長、島正博も言葉の定義や活動実績から考えると社会起業家の一人として数えてよいのではないかと思う。

その人生は父を幼くして戦争で失い母子家庭となり、空襲後の焼け跡にバラック小屋を建てて生活保護を受けながら食いつなぐ極貧からの出発だった。それでも持ち前のプラス思考と知恵、気力で逞《たくま》しく生き抜き、起業後は資金繰りによる倒産危機や特許訴訟、労働争議、石油ショック、リーマンショックと超円高など数々の困難に見舞われながらも、努力と負けん気、そして卓越した創造力で克服して一代で世界的な企業に育て上げた。

根底にあったのは、労働集約型である業界を効率化したい、縫いしろの無駄を省いて環境に優しい業界にしたい、お洒落なオーダーメイドの服を手ごろな価格で提供できる仕組みを作りたい、という社会変革への意欲だった。糸状の素材をどんな形にも立体的に編み上げてしまうホールガーメントという、世界に類を見ない発想と技術はアパレル・ファッション業界のみならず、医療・介護分野やロボット、自動車、航空機業界などの常識をさえ塗り替えてしまうかもしれない可能性を秘めている。

この物語は「Ｅｖｅｒ Ｏｎｗａｒｄ――限りなき前進」という企業理念のもと、愛・氣・創造をキーワードにしてモノづくりへの挑戦を続ける社会起業家・島正博の波乱に富んだ人生の軌跡である。

目次

目次

和歌山大空襲

1945(昭和20)年3月以降、米軍の空襲の標的は地方都市へと移っていた。日本時間の7月9日夕、テニアン島の飛行場を出発したB29爆撃機は硫黄島、室戸岬を経由。途中故障した1機を除く108機が深夜に和歌山市上空へ飛来し、照明弾を合図に午後11時36分、爆撃を始めた。

和歌山大空襲を研究する和歌山城文化財専門員の武内善信によると、空爆は市街地の北側から始まり、編隊は何度も旋回する格好で徐々に南下していった。まず粘着性ガソリンが激しく燃え上がる焼夷弾M47で大火災を発生させ、その後に鉄も溶かす高熱を発するマグネシウム焼夷弾M50を雨あられと浴びせた。文字通りの波状攻撃で、翌日午前2時半までのわずか3時間足らずの間に投下した焼夷弾は800トンに達し、市街地の中心部はほぼ焼き尽くされた。

国宝に指定されていた和歌山城天守や丸正百貨店などは早い段階で炎上。熱気は猛烈な風を巻き起こし炎とともに周囲の民家を飲み込んでいった。火災が収まったのは明け方の5時ごろで、1101人が亡くなり2万7402戸が全焼するという壮絶なものだった。

当時、旧制和歌山中学1年生で丸正百貨店近くに住んでいた辻本豊は最初、自宅の防空壕に入っていたが、危険になってきたため防空壕をはい出て火の海をかいくぐり紀和駅を越えて紀ノ川の堤防へ逃れた、と語っている。

「焼夷弾がB29から火の玉のように落ちてきて花火のように弾けて、道が燃えていて逃げられへん。あの熱いのいうたら、まるでドンド（たき火）している中にほうり込まれている感じやった。どっちを見ても火で向こうが見えやんねんもん。防空頭巾をかぶっていたが、熱うて顔を出せなんだ。距離はしれているが紀ノ川までたどり着くのに何時間かかったやろ。ものすごい温度やったかして、翌日、家を見に帰ると一升瓶の底がドロドロに溶けとった。遺体はまっ黒焦げで、木は燃えてしまって炭も残ってなかった。見渡すと丸正百貨店と西本建設、住友銀行、高島屋の建物の残骸だけが残り、市内の中心部から紀ノ川堤防がずーっと見えていた」

発明協会和歌山県支部の元専務理事、岡弘は当時、旧制和歌山中学で辻本の1学年上の2年生で和歌山城東側の自宅で被災した。「どんどん目の前に焼夷弾が落ちてくるのが見えたので遠くへ逃げられず、検察庁前の堀が一部埋め立てられていたので一晩中、そこに入っていた。堀の水を掛け合って焼夷弾の熱をしのいだ」

同じころ、城の南西方向の東長町に住んでいた8歳の島正博たちも身の危険を感じて逃げることにしたが、みんな気が動転していた。母・二三四は避難袋も持たず、背中におぶせた幼い娘・節子は頭と足が逆さまの状態だった。祖母・種代は魚の目の手術をしたばかりで片足を引きずって遅れ気味。それでも自宅裏手にある西要寺の小高い墓地を目指して木のはしごを懸命に上った。しんがりの正博も上りきった直後、焼夷弾がはしごを直撃し、住んでいた家では火の手が上がった。焼夷弾は逃げ込んだ西要寺の境内にある井戸にも落ち、本堂の屋根は吹き飛んだが延焼は免れていた。北東の夜空を赤々と染めるようにして和歌山城の天守が炎上しているのが見えた。

気を取り直した正博は燃え始めた町内の火事を消そうと墓地を南方向へ下り、消火ポンプのある井戸へと向かった。自治会長や少年数人とどのぐらい、消火ポンプを押し続けただろうか。気づくと炎に囲まれていた。ホースの先を持って水をかけていたはずの自治会長はいつの間にか逃げて姿が消えていた。

「えらいことになってしもうた」。一人炎の中に取り残された正博は西要寺とは反対の、燃え方がまだ弱い方向へ走り出した。途中、防空頭巾ごと防火水槽に飛び込んでずぶ濡れになってから火の海を突っ切り、1キロほども逃げただろうか。暗闇に広がるサツマイモ畑の畝の間に身を伏せてやっと一息ついた。同時に猛烈な空腹感に襲われ、目の前の畑を掘ってサツマイモを生のまま夢中でむさぼり食った。

そのころ、二三四らは正博が見あたらないと大騒ぎしていた。魚の目の切除治療をし、歩きづらそうな種代の避難に気を取られ、正博とはぐれたのに気づかなかったのだ。一緒に避難した叔母の今西美津子は「どこかで焼け死んだんかなぁ。大変なことになった」と落ち込んだ。

それだけに夜が明けて半日もたったころ、正博が何本ものサツマイモをシャツに抱きかかえるようにして無事に戻ってきたときの家族の喜びようといったらなかった。

父の思い出

正博は1937（昭和12）年3月10日、父・武夫と二三四の第一子として、和歌山城の南西約1キロ、現在の和歌山市東長町8丁目で生まれた。

島家の家系図はちょっと変わっている。祖父・福松、祖母・種代はともに子連れで再婚した。武夫は福松の、二三四は種代の連れ子で、義理の兄妹になった二人が長じて結婚し、正博がこの世に生を受けたのである。

時代は風雲急を告げていた。この年7月7日に中国・盧溝橋で起きた発砲事件がきっかけで、日本軍と中国国民党政府は戦争へと向かう。ただ、大陸から遠く離れた和歌山はまだ穏やかで、市内初のアイスキャンデー店が元寺町にオープンしている。高野山では根本大塔の落慶大法会がおこなわれ、南海電鉄の特急の大部分が冷房付きになり、龍神温泉にバス路線が開通したのもこの年だ。

福松と武夫は当時、障子や襖の縁などの卸販売を生業とし、一家はつましくも幸せな日々を送っていた。赤ん坊だった正博はかわいがられてすくすく育った。正博が生後半年になろうかというとき、武夫は一度目の徴兵に応じ、岡山県の陸軍兵器支廠で半年、輜重《しちょう》兵特務兵として奉公している。正博の記憶に残る父の姿は、徴兵から戻り、再召集されるまでの5年ほどのものだ。

武夫は自転車のサドルの前に正博を抱きかかえるように座らせて走るのが好きだった。

正博の父、島武夫の軍服姿。1944年４月にニューギニア島において32歳で戦死した。その面影は若かりし日の正博（下）とよく似ている（上は島節子提供、下は島精機製作所提供）

朝、鼻歌混じりにペダルをこいで三年坂の商店へパンを買いに行ったり、幼稚園へ送り迎えしたり。イカのリングフライがおいしかったと正博がいうと、二三四に命じて弁当に連日入れさせ、正博を辟易《へきえき》させたこともあった。それほどに子煩悩だった。

正博を自転車のリヤカーに建具と一緒に乗せて配達に行き、途中で連結が外れてリヤカーごと置いてきぼりにしても「おーい、待ってくれ」と正博が叫ぶまで気づかないような暢気《のんき》な一面もあった。「ペダルが軽くなるから気づきそうなもんですがねぇ」。正博は思い出すたびに苦笑する。

やんちゃ盛りの正博が、天井からぶらさげてあった干しイモをリヤカーの荷台に乗って食べ尽くしたり、こいのぼりの尾をつかもうと屋根に上っても大目玉を食らった記憶はない。

そんな優しい父に1943（昭和18）年4月23日、再び赤紙が来た。真珠湾攻撃から1年半足らず。大本営発表の勇ましい戦況とは裏腹に、前年6月のミッドウェー海戦で日本軍は大敗。赤紙が来る5日前には連合艦隊司令長官の山本五十六がブーゲンビル島上空で撃墜され戦死するなど、日本軍の劣勢は決定的となっていた。「あぁ、二度目の召集が来た。今度は帰れやんかなぁ」。二三四の妹、今西美津子は出征する武夫の言葉を今も鮮明に覚えている。

歩兵第168連隊（現・兵庫県丹波篠山市）に1等兵で入り、南方行きが決まった。「もう会えないかもしれない」。二三四は最後にひと目だけでもと、6歳だった正博の手を引いてすし詰めの列車に乗り込んだが、篠山駅のホームは同じような家族たちでごった返しており、最後の見送りはかなわなかった。

戦災に遭い、終戦を迎えてから3年ほどしてようやく武夫の戦死通知が届いた。しかし白木の箱に入っていたのは「島武夫」と書いた木片だけだった。1944（昭和19）年4月22日にニューギニア島北岸のホーランジアで命を散らした、とされるが、遺骨・遺品はなく、どんな最期かも説明されなかった。このとき、父は32歳の働き盛りだった。

大黒柱

和歌山大空襲で焼け出された正博たち。その時点では出征した父、武夫の生死も定かではなく、一家の大黒柱を欠いた状況でサバイバル生活が始まった。

戦災から終戦までの1カ月あまりは米軍グラマン戦闘機の機銃掃射から逃げ回る日々だった。「パラパラパラという音とともに土煙が筋状にこちらへ向かってくるので、あわてて井戸へ飛び込み助かったこともある」。正博はサラリと話すが、8歳の少年には恐怖の体験だったに違いない。

終戦を迎えても一家の暮らし向きは苦しかった。身を寄せる西要寺の本堂から自分たちの敷地焼け跡へ戻るため、正博と祖父の福松、親戚の大工らで取りあえずバラックを建てることにした。このとき、後の天才発明家の片鱗を発揮している。正博は歩測で〝測量〟をおこない、頭の中で家の間取りを組み立てたうえで陶器のかけらを使って土の上に設計図を描いてみせた。後で巻き尺を使って、その設計図を検証した大人たちは正確さに驚いた。

次は材料集めである。焼け残ったトタンや木ぎれを拾い集めたが柱にできそうな太い材木がない。さて、どうしたものか。寺の小高い墓地も戦災を免れ、墓石に混じって卒塔婆が何本も立っていた。「何本か失敬してもばちは当たらんだろう」。正博は南無阿弥陀仏などのお経が書かれた卒塔婆を引き抜いてバラックの柱に活用した。

ところが一難去ってまた一難。終戦1月後の1945（昭和20）年9月にやってきた枕崎台風にバラックは耐えきれなかったのだ。昭和の三大台風に数えられ、鹿児島県の枕崎測候所では瞬間最大風速62・7mを記録。和歌山も17日午後から18日朝方にかけて暴風圏に入り5人が死亡、潮岬では風速27mに達した。正博はバラックを外から手で支えて最後まで守ろうと試みたが、結局吹き飛ばされてバラバラに壊れてしまった。

台風が過ぎ去り、バラックを頑丈に再建したのはいうまでもない。六畳間と三畳ほどの板の間、物入れ、かまど付きの土間があるだけの狭い空間に福松、祖母・種代、母・二三四、正博、そして妹・節子の5人が暮らした。「柱を見ると南無阿弥陀仏って書いてあるんですから」と節子は苦笑する。１９４６（昭和21）年に福松、１９５４（昭和29）年に種代が病死するが、正博は１９５５（昭和30）年までの約10年間、このボロ家で暮らすことになる。

人が生きる上で欠かせない衣・食・住。着るもの、住むところは確保できた。気がかりは食料だ。正博は親戚の大工から鍬《すき》やスコップを調達し福松と二人で焼け跡のがれきを取り除き、深さ2m近くも土を掘り返して入れ替え、60坪ほどの畑を作り上げた。スコップは材木と鉄板、針金を自分で細工した手製だ。これらの道具を使って少しずつ〝開墾〟を進め、やがて畑は１００坪以上に広がった。天秤のようにして肩に担ぐ水やりの桶も手製で、畝を歩くと穴から上手く散水できるように工夫を重ねた。

南京（カボチャ）、ナスビ、キュウリ、トマト、サツマイモ……。家族で食べきれないほど育て、余りは近所で物々交換したり販売した。南京は山ほどできたが、2年目には自分で作る人が増えて売れ残り、バラックは南京だらけに。知恵を絞った正博は3年目、闇市で食用油を分けてもらい南京を海で獲ってきたキスやエビと一緒にかき揚げにしてみると、飛ぶように売れた。釣果を増やすため、バケツに顔をつけて息を止める訓練を続け、潜水時間を長くする努力もした。

鶏を飼って野菜くずと貝殻を混ぜて与え、卵を産ませた。空気銃で野鳥を撃ち落とし、池で食用ガエルをつり、現金と交換することも覚えた。炭俵を自分で工夫して改造した特製の仕掛けを川の木場の底に沈めてウナギも売れるほどに獲ってきた。空襲犠牲者の手や足がまだ沈んでいたため、多くの人が気味悪がって近づかなかった和歌山城の堀に入ってレンコンを採った。進駐軍の宿舎へ毎日出向いて顔を売り、親しくなった青目の幹部が朝食で余分に取り置いてくれるベーコン、ソーセージをもらいにいったりもした。家族で食べていくためには、犯罪以外のできることは何でもした。小学生の正博は既に一家の大黒柱であることを自覚していた。

クモの巣の教え

終戦翌年の1946(昭和21)年6月、栄養状況の悪さや積年の疲労などで祖父・福松が亡くなった。同じ月、今度は悪い衛生状態がたたり、母・二三四、正博の4歳下の妹・節子が相次いで腸チフスに罹って病院へ隔離された。昭和の初めから終戦直後にかけては国内で腸チフスが大流行し、毎年約4万人もの患者が出ていたのだ。

学校で予防接種を受けていたからか感染を免れた正博は祖母・種代とバラックに残り、その後の生き方に大きな影響を受けることになる体験をする。

といってもビックリするようなことではない。大嫌いなクモが窓に巣を張っていただけの話だ。貧しい家にはまだラジオもなく、数日間、正博は夜ぼんやりとクモの巣を観察するしかなかった。クモは巣のど真ん中に陣取り、ハエや蚊、蛾などの獲物がかかると素早く捕獲して再び中央のホームポジションへと戻っていく。この繰り返しだった。

《なるほど、真ん中なら360度見渡せるし、獲物に対していつでも最短距離でいくことができる。常に原点に戻ることが大切なんだ》

〝クモの巣理論〟とでも呼べばいいのだろうか。9歳だった正博が観察から得た教訓は後年、島精機製作所を立ち上げて製品を開発する際の経営指針につながっていく。

父を早くに失い、家計を支える母・二三四は早朝から夜遅くまで和歌山市内のメリヤス工場へ勤めに出ていたため、小学生の正博は両親に甘えることを許されずに育った。その分、精神的に早熟だったのかもしれない。「4歳しか違わないがとてもしっかりしていて、いつも私の面倒をみてくれた。もっと年上の、すごく大きなお兄ちゃんという感じだった」と節子はいう。

友達たちも同じように感じていた。正博と同学年で、家が近所だったため公園で相撲を取ったりして遊んだ電気店経営、伊藤喜三郎は「同世代の子どもたちからみるとマーちゃん（正博）は大人びたというか、ひねていて、年がちょっと上に見えるところがあった」と振り返る。

普段はおとなしくて温和な正博だったが、食用ガエル獲りなどで年上と縄張り争いしてケンカをするなど、自分より強い相手にはとても挑戦的な面があった。砂山国民学校から砂山小学校に改称され高学年になったころには、ケンカ早い正博に〝けんかマサ〟のあだ名がついたほどで、負けん気は人一倍強かった。

当時は全国的にそろばんの習い事がはやり、正博も塾通いをしてチンチン電車（和歌山電気軌道）に乗りたいがために戦中からそろばんを習っていたが、ある日、上級生とケンカしてツゲのそろばんで頭をたたき真っ二つに折ってしまった。その後は半分の長さになったそろばんで掛け算などをせざるを得なくなり、玉が一部の桁しか置けなくなって暗算でしたため、結果的に暗算の腕前が1級にまで上達したという、漫画のような実話もある。

そんな正博にとって甘えられる数少ない存在は、二三四に代わって家の切り盛りをする祖母の種代だった。夕餉の支度はいつも一緒。近所の子をけんかで泣かせると親代わりに謝りに行くのも種代の役目。おばあちゃん子になったのは自然の流れである。種代は、正博を高校2年生のときまで精神的に支え続けた後、静かにこの世を去った。

メカへの目覚め

和歌山市立砂山小学校を卒業した正博は1949（昭和24）年、市立西和中学校へ進んだ。学制改革の一環で、城西と城南の2中学校が前年に合併して発足したばかりの新制中学校で、旧制と区別するため世間は中学校といわず「新制、新制」と呼んだ。

校舎は和歌山大空襲の被害を免れた歩兵第61連隊の木造兵舎を活用し、壁の間仕切りを一部取っ払って教室や職員室に充てていたが、真ん中の廊下を挟んで反対側の教室からも教師の怒鳴り声が聞こえるような代物。おまけに1クラス50人で1学年10クラス、全校生徒は約1500人もいた。

正博は10組、担任は数学を教える新米の若林司郎が務めた。若林は〝師範出〟のいわゆるエリート教師ではなく、和歌山工業専門学校（現・和歌山大学）の機械科を卒業したものの、戦後の就職難で働き口がないところを西和中校長の内藤俊彦に引っ張られて教壇に

正博が通っていた和歌山市立西和中学校のラジオ組み立て授業。こんな授業を通じて機械への興味をさらに深めていった＝ 1951 年(同校提供)

立った〝でも・しか〟の口だからこそ、おおらかでユニークな存在だった。

「初めて担任したクラスに島（正博）君がおり、鮮明に覚えている。勉強が特に目立っていたというわけではないが、気の優しい、いい子だった。ホームルームで音楽を聴かせたときはとても生き生きしてね」と若林は振り返る。

隣の9組担任だが正博たちにも理科を教え、その後、起業して明光電機会長となった谷崎博志も物静かな少年、正博を良く覚えている。「口数が少なく、しゃべるのは得意じゃなかったが、教室の一番後ろに座り、いつもニコニコと笑っていた。理科室では電池で電球をつける実験などを一人黙々とこなしていた」

担任の若林はある日、正博から車のギアの回転軸方向を変える方法を聞かれ、ウォームギア（ねじ歯車とはす歯歯車の組み合わせ）ではなく、ベベルギア（傘歯車）を使うと効率が少し良くなると丁寧に説明したことを覚えている。「よほど機械好きだったんだろう。島君相手にデファレンシャル・ギア（差動装置）は滑らないといけない、なんて専門的な話もしたと思う」

実は正博は小学校高学年ごろから自宅隣にある軍手編機などの修理工場「池永製作所」に出入りし、作業を手伝いながら機械に触れて興味を深めていた。中学生になると中古のラビットスクーターを改造することに夢中となり、機械好きに拍車がかかった。

《ラビットスクーターは、日本陸軍の戦闘機「隼」（一式戦闘機）や「疾風」（四式戦闘機）を開発・製造した中島飛行機が終戦で民需企業へ転換、富士産業（現・ＳＵＢＡＲＵ）と改名したのに伴い、１９４６（昭和21）年から製造を始めた二輪車。正式名は「ラビット」という。一世を風靡し、モデルチェンジを重ねながら１９６８（昭和43）年まで生産が続いた》

正博は和歌山市内にあったラビットスクーターの店に入り浸って安値でポンコツを手に入れ、仲良くなったおやじさんが経営する溶接工場へ持ち込んで三輪自動車へ改造する作業に精を出した。駆動する後輪はそのまま活用して、前部だけを真ん中のステアリングと連動するように二輪に改造した。正博は改造した三輪自動車を無免許で乗り回し、和歌浦辺りまで自慢げに遠征することもあった。そこには〝天才発明少年〟の片鱗が垣間見える。

70年ほどたった今でも、フリーハンドでこの改造車の設計図をスラスラと描いてみせる正博の記憶力は超人的といわざるを得ない。

高校受験

1950（昭和25）年、西和中学校の2年生になった正博は隣家の編機修理工場「池永製作所」で本格的にアルバイトを始め、さらに多忙な日々を送るようになった。

早朝、空気銃で鳥を撃って一家の〝おかず〟を獲った後、西和中学校へ登校。授業が終わると一目散に帰宅して池永製作所で編機の修理や軍手編みを手伝う。「油のついた針をシンナーで洗ったりするような仕事をしていた」と同級の税理士、川邑宗司は語る。妹、節子の記憶に残るこのころの正博は「いつも油まみれで真っ黒になっていた」。

夕方、製作所の風呂を建具のカンナくずや薪などで沸かし入浴させてもらった後、自宅のバラックに戻り、メリヤス工場に勤める母、二三四のいない留守宅で祖母・種代、節子と晩飯の用意をする。井戸水を手押しポンプでくみ上げ、正博が育てた野菜や鶏の卵などを使って炊事するのだ。

この年6月には朝鮮戦争が勃発、巷では美空ひばりの「東京キッド」などがはやり、和歌山の繁華街・築地では初のアルバイトサロン「美人座」が開店した。そんな世相の中で正博は暗算1級の能力を生かして銀行員になることを夢見ていた。

だが3年生へと上がり進路を決める時期になると、厳しい現実にぶち当たる。今の時代からは考えられないことだが、「両親がそろっていないと銀行への就職は難しい」と担任教師から通告されたのだ。

「よしっ、銀行員が無理なら工業高校へ進学して機械の道へ進もう」

高校に進学する生徒はまだ半分程度の時代で中学校を卒業すると働く人も多かった。父親を亡くしていた正博の一家は生活保護を受けながらの苦しいやり繰りが続いていたのだが、働きながら工業高校の夜学（定時制）に行って人生を切り開こうと誓った。

ところが再び正博の前に障害が立ちふさがる。当時、県内唯一の工業高校だった県立光風工業高校（1953年に和歌山工業高校と改称）は難関校で、正博の学力で合格はおぼつかないから、入りやすい商業高校を受験するように、と中学校側が進路指導してきたのだ。同学年の元市議、奥田善晴は「工業高校の機械科は（偏差値の）ランクが上。最優秀でないと入れなかった」と証言する。

「他を受けるのは嫌や。駄目でもいいから絶対に工業の機械科を受ける。受けさせてもらえないなら進学なんかしない」。中学校と対立する正博の姿を見かねた母、二三四は義弟で運輸省に勤める今西長和に相談。長和が正博の父親代わりとなり、中学校へ掛け合うなどしてなんとか工業高校の受験にこぎつけた。

ただ、合格できる保証などはない。クラス担任だった英語の廣瀬俊男は自腹で正博に参考書を買い与えた。正博はヤマを張り、3日間で参考書をできる限り丸暗記して試験に臨んだ。

「運も実力のうち」という表現がこのときの正博にふさわしいかどうか分からないが、結果的にヤマは大当たりし、全日制も含めて県下2番目の成績で合格を果たした。

1952年4月、正博は晴れて工業高校の機械科定時制に入学した。

バンカラ学生

正博が高校に入学した1952（昭和27）年はというと、5月19日に世界フライ級タイトルマッチがおこなわれ、白井義男が世界王者ダド・マリノ（米国）を破って日本人初の世界チャンピオンになっている。また、4月からの毎週木曜日午後8時半～9時にはNHKラジオでドラマ「君の名は」が始まり、主人公、真知子と春樹の会えそうで会えない恋の行方に国民が熱狂して「その時間帯、銭湯の女湯がガラガラになる」という伝説さえ生まれた。

隣家の編機修理工場「池永製作所」で働きながら夜学（定時制高校）に通い、家事もこなす過密スケジュールの青年にはラジオの恋愛ドラマなど無縁だったろうが、十代半ばで青春真っ盛りだ。時間をやりくりして他の青年たちと同じように楽しみも作っていた。

そのひとつが空手だ。正博は中学3年から高校を卒業するころまでの間、毎週月、水、金曜日の夜に南汀丁にある拳武館宇治田道場へ通っている。友人の一部から〝けんかマサ〟と呼ばれるようになったと紹介したが、その延長で強い相手から身を守るための護身術が必要になったのだ。練習は2部制で、正博が通ったのは午後7時半から9時ごろにかけての2部だ。これとは別に火、木、土曜日には社交ダンスの練習にも通ったというから、正博は夜学の授業をサボる天才だったに違いない。

道場主には1951(昭和26)年、和歌山市議会議員に初当選して後に県議会議員を経て和歌山市長(1966〜86年)を務めることになる宇治田省三が就いていた。旧制海草中学校(現・県立向陽高校)から立命館大学へ進み、剛柔流空手を習得、腕の力こぶは松のこぶのように大きくて硬かったという。

当時、「東の拓大(拓殖大学)、西の立命」といわれるほどに立命館の空手の評判は鳴り響いており、道場には数十人の練習生が集まっていた。ただ、建物はというと、大空襲の焼け跡に建てられた30畳ほどの板張り、屋根はトタンという粗末なボロ小屋で、便所の戸などは壊れたままの状態だった。

普段の練習は準備運動をした後、形、そして自由組み手となるのだが、顔面には当てるな、という注意だけでルールなどは確立しておらず、スポーツではなくてまさに武術。当時、午後5時半からの1部に通っていた前述の奥田善晴は「とりあえず相手を倒せ」と教えられ、同じ練習生だった田村宏は「ど突き合いになり、鼻血を出したり、指を骨折したりもした」と述懐する。

今も続く道場の伝統行事のひとつに、道場から紀ノ川まで走って凍えるような流れの中に入り、形をおこなう寒げいこがある。正博ももちろん参加した。練習生はみんな正博に似て、バンカラで筋が通っていた。そこには田村の実兄で、後に南海電鉄の労働組合員から私鉄総連の中央執行委員長にまで上り詰め、春闘をリードすることになる誠の姿もあった。

正博は結局、黒帯にはなれなかったものの、巻きわらで拳を固くなるまで鍛えあげて瓦10枚ぐらいなら割れるほどに腕を上げた。和歌山工業高校の定時制に空手部を作ったのは正博である。

ちなみに週3回、社交ダンスを習い出したきっかけは当時、流行していたアルサロ（アルバイトサロン）へ飲みに行ったとき、ホステスの女性たちにもてたい一心からだった。

高校生時代の正博は仕事と学校の忙しい合間を縫って、未成年ながら盛り場で酒もよく飲んでいた。後年、業界団体の役を通じて親しくなる三洋電機元会長だった井植敏は正博の性格を次のように分析する。

「ともかく子どものころからものすごくハングリー精神がある。生活のハングリーとかいう意味ではなくて、何事に対してもハングリーな気持ちで接していかれる。遊ぶことについてもハングリーで、人がやっていることでは必ず自分が上にならないと気が済まない。ケンカしても負けるのは嫌だから空手でも習って絶対にやっつけたる、キャバレーに行ってももてへんかったらつまらんから、何としてでももてるように社交ダンスを習いに行く、とかね。そしたらダンスは先生以上に上手くなってしまうんやからね。遊ぶことから仕事の面まですべて好奇心の連続やね。好奇心を持ったものは必ず乗り越えて実現していかれる実行力というか執念は、最近の事業家で他にあんな人ないんと違うかな」

十代のころの酒にまつわる武勇伝もいくつか残っている。スナックの女性と店からほろ酔い気分で出てきたところをやくざ者に絡まれて悔しくてたまらず、道路へ大の字に寝転がってチンチン電車を止めた、街でかくれんぼをして営業中のチンチン電車の中に隠れた、等々。なかなか型破りだったようである。

必要は発明の母

高校に入学した正博の日課は隣家の編機修理工場「池永製作所」で朝8時から夕方5時まで油まみれになって働いた後、敷地内で一番風呂に入れてもらい、自転車で和歌山工業高校の定時制へ行くことだった。風呂は炊事場の前にあり、社長の家族が夕食に食べるすき焼きやステーキのにおいが漂ってきた。

一人当たりの牛肉消費量がトップクラスである和歌山市では今も晴れの日に牛肉を食べる家庭が多いが、当時から牛肉を食べるのは金持ちのステータスだった。肉のにおいをかぐだけの正博は学校食堂で休憩時間に1杯15円のきつねうどんをかき込みながら、「いつかおれもホンマもんの牛肉を食べてやるぞ」と心に誓っていた。

通学途中、自転車で洋品店に立ち寄って作業手袋2ダースを納入する。製作所の始業前1時間と、昼休みに食事を10分ですませて残り50分を使い、小遣い稼ぎのために機械編みしたものだ。糸代を差し引いた500円が正博の懐に入った。定時制の1限目は午後5時半～6時15分だが、正博が教室に飛び込むのはいつも授業終了5分前。それでも「職人は仕事を仕上げてなんぼやから」と大口をたたく正博を先生たちは寛大に受け止め、出席扱いとしてくれた。

正博はさらに「仕事が残っているから」と言い訳して3限目以降を早退したり、友人に代返を頼んで授業を抜けだし、空手やダンスに通う〝ちょいワル〟学生。格好もやや突っ張りで、そこから〝音のしない下駄〟の逸話も生まれた。

「けんかマサ」の異名を取る正博としては空手道場へも格好をつけて下駄履きで行きたいから、ある日、通学の段階から下駄を履いていくと、担任教諭の早川禎一に「音がうるさい。履いてくるな」と禁止された。

カラン、コロン、カランカランコロン……。ゲゲゲの鬼太郎の唄にもあるように、下駄は特有の甲高い音が鳴り響き、確かに学校向きとはいえない。

しかし、ここからが正博の真骨頂である。2日後に再び下駄を履いて登校したのだ。しかも先日、注意した早川の前をこれ見よがしに下駄履きで横切る大胆不敵さ。なぜなら下駄には音がしない工夫が施してあったからだ。

正博は薬局へ行って薬瓶のゴム栓を調達し、下駄の裏底にドリルで穴を開けて緩衝材代わりにはめ込んだのだが、穴は単なる円柱型ではなかった。ドリルは正博が独自に考えたハサミのような2枚刃構造で外側が刃になっている。掘り進むにつれて刃の角度を広げてやると円錐を逆にしたような形の穴が開き、ゴムが抜け落ちない仕組みになる。これを昼は池永製作所の仕事をこなしながら、わずか2日間で考案して完成させたのだった。

「このドリルだったら特許を出願できる」

再び下駄を履いてきた正博を注意しようと呼び止めた早川は独創的なドリルの性能に舌を巻き、正博にだけ音のしない下駄を履いて登校することを許した。

西洋に「必要は発明の母」という格言があるが、下駄を履きたいという正博の欲求は素晴らしいアイデアを生み出した。正博はこれ以降も豊かな発想力と創造性を武器に壁を次々と乗り越えていく。

発明ラッシュ

正博が13歳からアルバイトを始めた隣家の編機修理工場「池永製作所」を経営する岩城仁三郎は戦前から、機械を改良するのが好きな、いわゆる町の発明家だった。発明にのめり込み、本業の資金繰りが苦しくなると、建具卸業を営む正博の父・武夫が運転資金を融通したりもした。戦後、池永製作所が正博一家の面倒をみた背景には、そういった経緯もあった。

岩城は仕事の合間に旋盤などを駆使して編機の改良や開発を試み、正博も機械を自由に使って開発できる環境にあった。多感な時期を「発明の現場」で過ごしたことは正博に大きな影響を与えた。

和歌山市・ぶらくり丁の旧丸正百貨店を改装した商業施設「フォルテワジマ」3階に2009（平成21）年4月オープンした島精機製作所の「フュージョンミュージアム」には、

16歳になった正博が母・二三四の内職の負担を少しでも軽くしてあげようと思い開発した二重環かがりミシン＝和歌山市のフュージョンミュージアム

正博が発明・開発してきた機械が一堂に並んでいる。その中で古いものが「二重環かがりミシン」だ。正博が16歳の1953（昭和28）年、靴下編機をヒントに開発し、池永製作所が200台製造した。

　当時、作業手袋（軍手）は甲と手首を別々に編んで、最後につなぎ合わせる熟練の技が必要だったが、このミシンに甲と手首の部分をセットすると機械が編んでくれる。機械に糸をセットすることに少し手間がかかる代物だが、これも正博が必要にかられて発明したものだ。

　再召集を覚悟していた父・武夫は、自分が戦地へ行っても家族が食べていけるようにと、内職用の作業手袋編機を妻・二三四と義妹・今西美津子に用意した。二三四は戦後も、メリヤス工場勤務の合間に内職で手袋編みを続けたが、甲と手首のかがり縫いに苦労していた。少しでも母の負担を減らしたい、収入を増やしたいという正博の思いが機械の開発につながった。

正博が池永製作所社長の岩城の名を借りて最初の実用新案を出願したのは16歳、「作業手袋編成機の支針板自動旋動装置」でだったが、他にもいろいろと本格的な機械を開発していたわけだ。

正博の発明は高校に進学してから凄みを増した。音のしない下駄は紹介したが、特許・実用新案の出願方法について担任の早川禎一が授業や休憩時間に教えたからか、発明のスピードが加速した。在学中に生み出した主なものは——。

・アルミ板を折り曲げて二重構造にした「冷めにくい弁当箱」
・ハンドルと連動して同じ方向へ動く「車のヘッドライト」
・自転車の発電ランプをワンタッチで動かすレバー
・自動車の方向指示器
・緩みにくいボルト

・ノズルが詰まらない噴霧器

正博の頭からは毎週のように新しい発明が湧き出た。しかしあまりに雑多で広範囲に及び、心配した早川は忠告した。

「島君、なんでもかんでも発明してたら器用貧乏になってまうで。(研究費がかさんで)畑や財産までなくしてしまった例はたくさんある。発明の焦点を絞って専門分野に徹しなさい」

激戦の家電分野では同じ和歌山県出身の大先輩・松下幸之助がすでに大成し、金のない正博は追いつけそうもない。「ビリでも(誰もいない)反対を向いて走ればトップになれるのではないか」。池永製作所の仕事を通じて慣れ親しみ、なおかつ技術革新が遅れていた編機なら貧乏な自分でもトップになれるのではないか。正博は編機に人生を捧げることにした。

倍速人生

正博が16歳を迎えた1953（昭和28）年、日本ではテレビの時代が幕を開けた。2月にNHKが、8月には日本テレビ放送網がテレビ放送を始め、ターミナルや繁華街に設置された街頭テレビは黒山の人だかりだった。

とはいえ、バラックで暮らす正博の日常は変わらなかった。朝8時から隣の池永製作所で編機の修理をし、昼飯を10分でかき込み、残り50分の昼休憩を活用して小遣い稼ぎの作業手袋編みに精を出していた。そんなある日、表札を見た讀賣新聞の販売拡張員が「島正博って誰かな」と入ってきた。

正博が「僕です。おやじが戦死したので自分の表札を掲げています」と答え、生活保護を受けているぐらいだからお金がなくて新聞は取れないと答えると、「ええ名前や。努力したら必ず成功する。新聞は取らんでええから、取ったつもりでその分を貯金しなさい。

きっと役立つ」と助言した。ただ「36歳で死ぬ可能性があるから気ぃつけや」と言い残して去った。

言葉に妙な説得力を感じた正博は翌日、さっそく郵便局へ行って貯金通帳を作り、手袋編みで稼ぐ小遣い銭の中から毎月400円をためることにした。さらにあと20年ほどしか生きられないなら、他の人の一生と同じぐらいにするために寝る時間を短くして、生きる速度は倍にしようと心に決めた。その一方で、高校の担任教諭・早川禎一の助言で編機の発明に的を絞り、自分の名前で特許を出願することを考え始めた。

特許事務を取り扱う発明協会の和歌山県支部が誕生したのは1952（昭和27）年12月。そして2年後の4月、現在の県民文化会館西側にあった繊維会館の一室に県特許公報閲覧所がオープンした。事務は県商工課の職員が兼務でおこなう態勢だったが、この年の県内からの出願数は特許83件、実用新案259件。本棚に並ぶ特許公報を見に来るような人は週に1人あるなしで、閲覧者が来たときだけ会館の管理人が県職員を電話で呼び出した。

大阪府立大学工学部機械科を卒業し、1954（昭和29）年に県庁入りした岡弘はすぐに閲覧所兼務を命じられ、しばしば特許公報の閲覧に訪れていた高校生の正博と出会った。

「閲覧者は珍しかったので島さんのことはよく覚えています。特許の全般について、いろいろ説明しました」

他人が先に出願している案件は受理されず、せっかく払った高額の出願料はパアになる。正博は出願料を無駄にしないため、先願がないかどうかを閲覧所に通い詰めて徹底的に調べた。そして運命の1955（昭和30）年がやってくる。〝天才発明少年〟として正博の名前を全国にとどろかせることになるゴム入り安全手袋をついに開発したのだ。

当時の手袋は編み目を減らして手首を細くしていたから抜けにくく、機械にかまれると手まで巻き込まれて大けがをする事故が多発していた。指や手にとどまらず命を落とす作業員までいた。正博は編み目を減らすのではなく、手首の部分をゴム糸ですぼめることを考え、手首部分にゴム糸を仕込む画期的な装置を開発し、実用新案を出願することにした。

出願料7200円に諸経費を合わせて1万円弱。新聞拡張員の勧めで2年前に始めた貯金でちょうどまかなえた。しかし、こうなると36歳で死ぬかもしれない、という話も真実味を帯びてくる。正博はすでに18歳になっていたから、残りは18年しかない計算だ。倍速の人生はさらにスピードアップしていく。

人生の伴侶

正博がゴム入り安全手袋の編機を発明した1955（昭和30）年には、右派と左派に分裂していた日本社会党が再統一し、日本民主党と自由党が合流して自由民主党を結党して「55年体制」が誕生した。そして4月、正博の家の筋向かいに運命の出会いの場となるパーマ店「エリー」が開店した。

国内は1950（昭和25）年に始まった朝鮮戦争の特需に沸いていた。女性のおしゃれも華やかさを増し、昭和30年代前半にかけてデンパツ（電熱パーマ）が黄金期を迎えた。美容室「エリー」は、他店でパーマの手伝いをしていた高橋昌子が和歌山電気軌道に勤めていた父親の退職金を開業資金にして独立開業した店だ。ちょうど「リリー」という店が売りに出たのを買い取り、看板などの書き換えが少なくてすむという理由で付けた名前で、デンパツと薬剤を使うコールドパーマの両方を手がける、椅子3脚の小さな店だった。それでも客が外まであふれ、開業資金を父親に3年で返済してしまうほどに繁盛した。そこへ週末と夏休みに手伝いに来るようになったのが昌子の妹で、後に正博の伴侶となる和代だった。

和代は当時まだ県立那賀高校の3年生で、国体に2度出場したというハンドボールで鍛えた体はモデルのようにスラリと細かった。おまけに昌子が腕によりをかけて和代に化粧を施し、ちょっと長めのスカートをはかせるなどモダンな格好をさせたものだから、同年代の男性たちのあこがれの的になった。「和代はものすごくもてた。いろんな男の子にデートへ誘われ、高校の担任からは『男は狼だから気をつけろ』と注意されたほど」と昌子が振り返る。

正博はいとこたちと青年団を立ち上げ、和代も入団させて閉店後のエリーへ入り浸るようになった。昌子や他の美容師と連れだって中華そばを食べに行ったり、盛り場の築地で飲んで社交ダンスしたり、海へ泳ぎに行ったり。町内会の盆踊りでは、昌子が正博に女装させ、口紅を塗って盛り上がった。ただ正博のお目当ては、下戸で遊びの輪にはなかなか加わってこない和代だった。その証拠に、和代が他の男性に誘われて映画を観に行くと、

「もう行くな」と焼きもちを焼くこともあった。

正博も和代をデートには誘うのだが、ゴム入り安全手袋を発明し、実用新案の出願に駆けずり回っていたころで忙しく、長い時間は取れない。デート中、南海和歌山市駅の前の喫茶店に「ちょっと待ってて」と和代を残して大阪へ打ち合わせに行ってしまうこともしばしばで、8時間も喫茶店へほったらかしにしたことさえある。「喫茶店を出たり入ったりで、仕事の合間にデートをしているという感じでした。仕事のことで頭がいっぱいになってくると、デートしているのを忘れてしまうんでしょうね」と和代はあきれる。

大阪・難波でデートの待ち合わせをすると、酒豪の正博は待っている間に地下街の居酒屋で飲んだくれてしまい、和代が到着するころには財布の中がスッカラカンということも度々あった。和代の実家には瓦屋根と立派な柱があったのに対し、正博の家はバラックのあばら家である。「こんな人と結婚するとは絶対に思わなかった」と和代は述懐する。

だが男女の縁は異なもの味なもの。22歳になった和代は意に沿わない人から求婚され、どう断るか困り果てて歳の近い正博に相談した。待ってましたとばかりに「そしたら僕と結婚することになってるから、といって断れよ」というプロポーズの言葉が返ってきた。

不思議な流れの中で和代は1959（昭和34）年11月2日、和歌山市内の盛り場・新内《あろち》の旅館で正博と祝言を挙げ、姑らと同居の新婚生活が始まった。和代は結婚直後に一度だけ、家出したことがある。結婚して2月半がたった成人の日に昼餉の支度を巡って姑が怒り、「家を出ていく」と言い出したので、和代は「それなら私が出てゆきます」といって飛び出し、映画館でひとしきり悔し泣きした後に実家へ戻った。理由を話さない和代に、実家の両親は里帰りと思っていたが、翌日、正博が済まなそうにバイクで迎えに来て、真相が知れたという。

新婚旅行先の静岡・伊豆で仲良く写真に納まる正博と和代。ポーズが決まり、まるで映画の一場面のようだ（島精機製作所提供）

経営の師

ゴム入り安全手袋を発明し、「天才発明少年」として名前を全国にとどろかせた正博。その成功を興味深く見守る郷里の先輩がいた。奈良県大和郡山市で立ち上げた会社を東証1部上場の工作機械大手メーカー・森精機製作所（現・DMG森精機株式会社、本社・名古屋市）に育て上げる森林平だ。

森は1921（大正10）年、農家の長男として現在の和歌山県すさみ町で生まれた。小学生時代は通知表が音楽以外はオール10の神童で、和歌山師範学校（現・和歌山大学教育学部）へ進み、県内の国民学校で半年間教べんを執った後、1942（昭和17）年に船舶工兵としてニューギニア方面へ出征している。

1946（昭和21）年に復員し、奈良市の鉄工所で働いていたが、木材卸で稼いだ父が1948（昭和23）年、大和郡山市に編機製造会社を設立してくれたので翌年、社長に就任。弟2人と協力し工作機械メーカーへ変貌させ1979（昭和54）年に大証2部、4年後に東証1部へ上場させた。DMG森精機の2019（令和元）年12月期連結業績は売上高4857億円、当期利益179億円であるから、島精機製作所の同年3月期連結売上高513億円、当期利益38億円と比べてもその大きさが分かる。

ただ、会社を立ち上げて数年は苦労の連続で、和歌山工業高校に在籍中の正博を技術顧問に迎え入れた1955（昭和30）年は事業がようやく軌道に乗ったころ。正博は毎週末、大和郡山へ森を訪ね、近くの料理旅館で酒を酌み交わし、編機開発や企業経営、人生について議論した。あらゆる面で先輩の森は正博にとって頼れる〝兄貴〟だった。森の長男で歯科医の直樹は当時の様子を「おやじも語り出すと熱くなるタイプ。店が看板になるまで二人で4時間も5時間も機械のことを延々と話していた」と伝え聞いている。

森にまつわるエピソードは驚くほど正博に似ている。常に枕元にメモと鉛筆を置き、思いつくと真夜中でも起き出してアイデアを書き出したり、1959（昭和34）年に伊勢湾台風が来ると家は妻に任せて機械が水につからないように工場へ詰めっきりとなった。まだ大和郡山に本社があったころ、車の送迎を嫌って自転車通勤していた。あるとき記者に

京都で森林平と妻・恵美子。正博は森精機製作所を率いた森を経営の師、人生の師と仰いで薫陶を受けた（上田昌平提供）

車は何に乗っているか問われ、「ブリヂストン」と答えてあきれさせたこともある。

何事も極めないと気が済まない。菊は300鉢近くも作って交配させ、白の真ん中にピンクが散る種類も成功させた。次は熱帯魚の産卵・孵化に挑み、水槽を自宅に20個も並べてサーモスタットの電気代が月20万円かかったこともある。京都大学経済学部に通う孫と隠居後に論争となり、劣勢になると図書館へ通い詰めて調べる負けん気の強さと旺盛な好奇心も持ち合わせていた。肖像画で妻のしわ一本一本まで描くきちょうめんさもあった。

正博は森を「学究肌で大局的にモノを見る、そして人の話をよく聞く」と評し、生涯交わった。2005（平成17）年、83歳の生涯を閉じた森の葬儀では言葉をかみしめるように弔辞を読んでいる。少し長いが原文のままで紹介する。

「謹んで森林平さんのご霊前にお別れの言葉を捧げます。森林平さん、とうとう永遠のお別れを申し上げなければならなくなりました。お元気ならば、かつてのように気合いを入れてくださり、私の背筋もぴんと伸びたことでしょうが、その厳しくも、優しい声を聞けなくなるかと思うと、さみしい限りです。顧みますと、森さんとは50年の長きにわたって、いろいろとご教示を頂いてまいりました。奈良と和歌山と離れてはいても、株式上場や新製品の開発などの際には、早々のお祝いの電話をくださり、いつも温かく見守ってくださっていることを力強く感じておりました。森さんには、当社が手袋編機業界に進む際には、広いお心で道筋をつけてくださり、『島精機製作所』の社名までアドバイスを頂きました。『誰が、何をする会社なのかを明確に表しなさい』という励ましを頂いて設立した当社ですが、お陰様で先月、43周年を迎えることができました。その後も、経営面全般において、さまざまなアドバイスを頂戴しました。大局的なところから『状況判断力を磨きなさい』、『コスト意識を常に持ちなさい』等の教えは貴重な教訓となり、その後の会社経営にしっかりと息づいております。森さんご自身は、的確な状況判断で工作機械という大きなマーケット分野に転進されました。ご兄弟が作られた森精機製作所は、今日、世界有数の企業として躍進を続けておられます。当社の加工精度の向上も、森精機さんの工作機械によるところが大きかったと思います。3年前、森さんは『和歌山県立近代美術館』に美術品を寄贈されました。私が美術館の協議会委員を務めていたご縁での仲介でしたが、その折に、和歌山ご出身の森さんは、ご自分の母校である和歌山師範学校の跡地に建った美術館に寄贈されたことを、心から喜んでいらっしゃいました。このときの笑顔が今も忘れられません。戦争で、早くに父をなくした私にとって、森林平さんは父親のような存在でもあり、経営の師であり、人生の師でありました。今日まで導いてくださった森さんに、心から感謝申し上げます。本当にありがとうございました。心からご冥福をお祈り申し上げ、告別の辞といたします。平成17年3月7日　島正博」

〝特許〟への試練

正博が1956（昭和31）年5月、満を持して出願したゴム入り安全手袋（作業用莫大《メリヤス》小手袋）の実用新案登録は翌年、特許庁から意外にも拒絶査定（却下）された。理由は不明だが、ゴム入り靴下がすでに存在しており、独自性を認定してもらえなかったのかもしれない。

しかし正博にしてみれば「はい、そうですか」と引き下がるわけにはいかない。有り金をはたいて出願したのだから何としても実用新案登録にこぎつけたい。翌年6月、正博は職場の「池永製作所」つながりで若干の面識があった作業手袋製造販売会社の井戸端隆宏に電話をかけた。

「井戸端さん、実はぜひお願いしたいことがありまして」。正博の声は切羽詰まっていた。池永製作所の蒸し暑い事務所で、井戸端と対面した正博はこれまでの経緯を説明し、査定不服抗告審判に必要な資金の援助を申し入れた。

「島さんがゴム入り手袋を発明したとき、手袋の革命、世界制覇をするのではないかと直感した」という井戸端は抗告審判に必要な当座の資金3万8000円を肩代わりし、その前月に正博が出願したリンキング（手袋の口にゴムバンドを入れてかがり縫いする工程）の実用新案登録にも名を連ねて資金援助した。

最終的に抗告は認められ実用新案登録されることになるが、新たな難問が持ち上がった。正博の発明に1958（昭和33）年夏、長野県駒ヶ根市の男から「同じ構造の手袋を私は昭和28年3月からすでに製造・販売している。あなたの実用新案公報を見て驚き、意外に感じた」という異議申し立ての内容証明郵便が送りつけられてきたのだ。

正博と井戸端たちは「駒ヶ根？　どうせ山奥の田舎者やで。こんなん、（言い含めたら）いちころや」と高をくくり、この年の秋、大阪・堺筋本町の旅館で男と対面した。だが、頭をそり上げてヌカでピカピカに磨き上げた、いかにも押しの強そうな中年男は元海軍技術将校を名乗り、特許に詳しい口八丁だった。

男は「島君はまだ若くて取引先が相手にしてくれないだろうから私に任せなさい。うまく売ってもうけさせてあげる」などと言葉巧みに正博たちを説き伏せ、任せてくれたら異議は取り下げると提案してきた。

男の描いた商売の仕組みはこうだ。製品を普及させる組織「ゴム入安全手袋会」を発足させて全国に支部を作り、トレードマークを定めて権利を管理する。安全手袋1ダース（卸値約400円）につき10円の権利使用料を業者からもらい、半分の5円は手袋会の維持経費にあてる。残り5円は手袋会会長に就任するこの男がいったん保管、マークの証紙代に1円を払い、あとの4円は正博や男ら4件の実用新案登録に関

池永製作所で作業する高校生時代の正博。やがて発明するゴム入り安全手袋には難題がふりかかることになる（島精機製作所提供）

係する者で配分する。

当時、国内の作業手袋の需要は年間1000万ダースに迫る勢いだった。全部がゴム入り安全手袋に変われば年間数千万円、今の貨幣価値なら何億円ももうかる勘定だ。話に魅せられた正博は印鑑と通帳を男に預けてしまった。ゴム入り安全手袋の出願人は男へと変更され、正博は考案者の1人に〝格下げ〟された。

幻と消えた大金

　実用新案登録を巡り、正博が走り回っていた1956（昭和31）年の7月、〈もはや「戦後」ではない〉――の流行語を生み出した「経済白書」が発行された。前後の文脈からは当時の時代背景がよく分かる。

《いまや経済の回復による浮揚力はほぼ使い尽くされた。なるほど、貧乏な日本のこと故、世界の他の国々に比べれば、消費や投資の潜在需要はまだ高いかもしれないが、戦後の一時期に比べれば、その欲望の熾烈さは明らかに減少した。もはや「戦後」ではない。我々はいまや異なった事態に当面しようとしている。回復を通じての成長は終わった。今後の成長は近代化によって支えられる。そして近代化の進歩も速やかにしてかつ安定的な経済の成長によって初めて可能となるのである》

　復興景気は終わり、これからは技術革新が必要だと説いた一節だった。正博の編機開発の研究はまさに時宜を得ていたわけである。

このころの正博は、奈良県大和郡山市にあった森精機製作所の技術顧問を務め、社長の森林平から報酬代わりに定価5万円するゴム入り安全手袋の編機を原価の2万2000円で仕入れ、勤務先の池永製作所へ2万8000円で転売する副業で稼いでいた。

原価で正博に卸す森はもうからないが「マーちゃん（正博）はいろいろ考えてくれるから」と、正博に無制限で編機を分けた。月給4500円の正博が80台の編機転売で48万円もの副収入を得た月もあった。

「林平さんは太っ腹な人で、若い私を育てるために卸す編機の台数に上限を設けなかった。利ざやを軍資金にして事業を始めよ、という感じだった。編機はたくさん作った方が製造コストは下がり、シェアアップにもつながるという発想でした」と正博。人の能力を伸ばすためには制限を設けないこと、相手にもうけさせることが結局、自分の利益にもつながることを森に学んだ。

たらいの水を両手で手元にかき寄せようとしても、手のひらからこぼれるようにして水は手の向こう側へ逃げてしまう。逆に、両手で水をたらいの向こう側へ押してやると、水の流れが自分の方へと来る。商売も同じで、自分の利益を考えるのではなく、まずは相手の利益を考えてあげれば、それがやがて自分の利益にもつながっていく。森が身をもって示した教えであり、後に正博が好んで使う「give and given（ギブ アンド ギブン＝与えれば与えられる）」の発想である。「give and take」ではないところがみそだ。

ゴム入り安全手袋の実用新案登録は紆余曲折したが、和代との結婚話は1959（昭和34）年になってトントン拍子で進んだ。相変わらずバラック住まいだった正博は新婚生活に向けて家の新築費用に、ゴム入り安全手袋の権利でたまっているはずの正博の取り分約3000万円の中から200万円ほど出そうと、管理を任せていた長野県駒ヶ根市の男へ連絡してみてペテンだったことに気付いた。

死なない程度に殴ってやらないと気が済まない。正博は勢い込んで駒ヶ根市へ乗り込み、男に向かって棒きれを振り上げた。ところがツルツル頭の眼光鋭い中年男が「申し訳ない。すまなんだ」と土下座して謝り、意外にもポロポロと涙を流し始めた。今の貨幣価値なら数億円もの大金は幻に消えてしまったが、男の姿を目にした正博は殴る気力を失っていた。

帰り際、男の案内で天竜舟下りをして鯉コクをごちそうになった。和歌山まで帰るようにと手配されたハイヤーで長野・上高地へ乗り付け、憂さ晴らしにキャンプを楽しんで帰ったというから、正博の肝の太さが知れる。

後に森のアドバイスで、ゴム入り安全手袋の実用新案登録については特許庁に無効審判（取り消し）を申し立てたが、審判結果は覚えていない。「さあ、どうなったんかなあ」。正博の興味はすでに次へと移っていた。

ちなみにゴム入安全手袋会はこの後、脱退が相次ぐなどして自然消滅し、ペテンの男も数年後には病死している。

起業と分裂

特許詐欺の被害を乗り越えて和代と1959（昭和34）年11月に結婚した正博は、起業へ向けて作業手袋編機の開発・改良に余念がなかった。指先を丸く編むシンカー装置を、翌35年には半自動手袋編機を開発し、販売を始めている。

このころ新たなヒット商品も生み出している。ドライバー手袋だ。トヨタ自動車の「トヨエース」、日産自動車の「ダットサン」、富士重工業の「スバル360」などが登場し、国内の四輪車保有台数は100万台を突破。運転用に、普通の作業手袋より細い糸を使って薄く編み、アメ色の綿を真っ白にさらした手袋は引っ張りだことなった。和代は「箱から名称まですべて主人が考えました。よく売れたんですよ」と振り返る。

出願中も含めた正博の発明はこのころ約300にも達した。起業資金もある程度、たまった。ちょうど森精機製作所がより大きな市場を狙うため、繊維機械の製造をやめて工作

会社名を島精機製作所に変更してスタートを切ったときの建物。その後、別の会社になったが、ペンキを塗りなおした壁にはうっすらと当時の社名が透けて見える＝和歌山市手平

機械（高速精密旋盤）の製造・販売へと業態転換を図った時期で、不要になった繊維機械の製造装置を社長の森林平から譲り受けた。

そして１９６１（昭和36）年7月13日、知人らと県立桐蔭高校の西側にゴム入り安全手袋の半自動編機を製造する「三伸精機株式会社」を設立した。正博、池永製作所の二男、外注先（２人）の出資者の三者が伸びてゆくことを願う社名だった。

しかし、間もなく経営方針をめぐって不協和音が生じる。全自動手袋編機の開発という理想を追い求める正博と、実現するかどうかおぼつかない夢物語への投資より、いまもうかっている半自動手袋編機で十分だと考える他の出資者たちとの間で路線が対立した。

そんなある日、ペンチやレンチなど約３００万円もかけてそろえた工具類が、出資者らとともに工場から消えた。出資者らが「わしらは自分でやる」と別離宣言し、近所に新会社を旗揚げしたのだ。

今なら何千万円もする工具類を持ち去られたのだから訴えるべきだ、と和代は助言したが、正博は「いや、訴えるような時間があったら僕は働く」と取り合わなかった。全自動手袋編機の研究開発に移るため、正博は翌年2月3日、会社を和歌山市手平へ移転して心機一転を図った。

「三伸精機なんて下手くそな会社名を付けるから失敗するんや。誰がやってる会社か分からん。島正博がゴム入り安全手袋を発明したんは（業界内では）誰でも知ってるのに、もったいない」

経営の師である森は容赦なかった。これを聞いた正博は法務局で商号を「島精機株式会社」に変えた。

「機械を作る会社か販売する会社か分からん。これはすぐつぶれるな。みんながわざわざ買いに来てくれる精密機械を作るところや。コンセプトをちゃんとせないかん」

島精機の下に製作所の文字を加えて届け出た。なんのことはない。「株式会社森精機製作所」の「森」を「島」に変えただけの社名だ。半月で2度も商号を変える手続きを行ったため、法務局の担当者にはしかられた。森も最初からそう教えればいいようなものだが、なぜ、そういう会社名にするのかの理由を自分で考えて肝に銘じることの大切さを正博に伝えたかったのだろう。

新米社長

正博が会社を和歌山市手平へ移転し、商号を「株式会社島精機製作所」に変更した1962（昭和37）年には「おれがこんなに強いのも、あたり前田のクラッカー！」の流行語を生むことになるテレビ番組「てなもんや三度笠」の放映が始まっている。5月には33年ぶりに紀南を行幸された昭和天皇が博物学者・南方熊楠をしのび、「雨にけふる神島《かしま》を見て紀伊の國の生みし南方熊楠を思ふ」の御製を詠まれた。

しかし、正博は全自動手袋編機の研究と会社の経営を軌道に乗せることで頭がいっぱいだった。旧会社（三伸精機）時代から新会社発足のころにかけて、新米社長の正博は工場の職人らとの間で駆け引きも経験している。

勤務は4時間の残業を含めて午後9時まで。ただし、デートしたい者は9時までの仕事を仕上げた時点で帰ってもいいという特例を認めると、その日だけは午後5時で完了させてしまう職人が出てきた。普段は時間が来るまで、どうも惰性で仕事をしているようだった。勤務時間が短縮できれば、工場の電気代などの節約になる。支給額は残業したのと同じにして、決められた作業量が仕上がったら帰れる規則にすると、午後3時でやり終えてしまう強者まで現れた。

いくら何でも午後3時に帰すのは早すぎるので、油でドロドロに汚れている機械、テーブル、機械の中などを5時までは磨くようにさせた。すると機械がきれいになって調子がどんどん良くなり、作業効率がさらに上がって生産性はあっという間に2倍になった。

黎明期の会社はどんな雰囲気だったのだろうか。１９６２（昭和37）年夏に入社した河本善次の記憶をもとに再現するとこんな感じだ。

《職人は40人足らず。半数が年配で、残りは20代半ばの若手だった。（鉄骨スレート葺きの）工場内には扇風機もなく夏場はうだるような暑さで、窓を開け、外の風を入れながら社長も職人もステテコ姿で仕事をした。みんな機械油で真っ黒け。職人らは若い社長を「マーちゃん、マーちゃん」と愛称で呼んでいた》

会社の食堂へは毎日、妻・和代が幼い長女・千景をおぶって職人約40人分の昼食作りに通ってきた。専務の後藤武治にわずかな材料費をもらい、近所の八百屋で買い物をして、パートタイムの主婦と2人で作るのだ。

「豆腐にひら天、コンニャク、ニンジンを炊いたりして、いかに安い材料で若いもんが喜ぶようなボリュームのある料理を作るか工夫しました。ご飯は木をくべて釜で炊くんですから大変でしたよ」

職人の中には夜になると居酒屋へちょっと一杯飲みに行き、勘定の金が足りないと正博に「金を持ってきてくれんと人質に取られ、明日、会社へ行けやん」と電話してくるような質《たち》の悪い者も混じっていた。

職人の技量アップを狙って別の鉄工所にいた指南役の厳格なベテランを雇うと、「厳しすぎる。辞めたい」と揺さぶりをかける声が上がった。正博は待ってましたとばかり、辞めたいという25人に失業保険の証明書を書いて退職させた。本心から辞めるつもりのなかった職人たちは真っ青になった。正博は出来のいい職人十数人だけに一本釣りで声をかけて復職させている。「一回、クリーニングしたので職人の質は良くなった」。作戦勝ちだった。

膨らむ借金

島精機製作所へと商号変更した正博は全自動シームレス手袋編機の研究開発に没頭した。試作機を完成させるためには精度の高い、いろいろな特注部品が必要だった。森林平が社長を務める森精機製作所と同じ奈良県大和郡山市内で工業用ミシンの部品を製造する萩原ミシン工業（現・テクノハギハラ）の萩原記登座から部品を調達し始めた。

当時は道も悪いから、和歌山―大和郡山間は車で片道2時間はかかったが、正博は自ら運転して3日に1度は部品を発注したり引き取りに通った。帰りの夜道を間違って新宮方面まで行ってしまう失敗もしている。

「大阪の業者に部品を作らせたら値段が高いし不良品が多かったらしい。うちは工業用ミシンの技術があったので精度的に問題がなく、島さんに気に入ってもらえた。遠いから、うちの家で島さんに晩ご飯を食べさせてから帰すんです」と萩原は回想する。

島精機には正博以外に設計技師がいなかったため、高校時代の恩師、早川禎一ら現職の工業高校教諭2人を放課後や休日に技師として招聘。当時、流行した大和ハウス工業のプレハブ部屋「ミゼットハウス」を工場内に設置し、設計室とした。

万全の開発態勢を整えたが全自動シームレス手袋編機の開発はうまく進まなかった。正博の頭の中には製品のイメージがしっかりとあるのだが、実際に組み立てていくとなかなか思うようには動いてくれなかった。仕組みがあまりにも複雑で、部品の精度がその要求に応えられなかったのだろう。1963（昭和38）年末にいったんは見切り発車で製品化して売り出したものの故障が多くてまともに動かず、代理店の商社と販売価格を巡ってもめたこともあり、半年あまりで100台も作らないうちに販売を中止した。

そこで、指先をシームレスに丸く編む機能はなくして、角型に編み、後でかがり縫い処理するように仕組みを少し後退させて簡潔にした全自動手袋編機の開発に方針を切り替えた。それでもこちらの編機もすぐには完成せず研究開発費はかさんでゆき、資本金100万円の会社が3年間で3000万円もの赤字を出した。借金はどんどん増えて最終的に約6000万円に膨らんでしまう。「島精機はつぶれる」とうわさが飛び交い、株主の一部が資金を引き揚げ、地元銀行も融資をストップした。このとき、県の要請に応えて融資を続け支えた金融機関が泉州銀行（現・池田泉州銀行）であり、いまも正博は恩義を感じて島精機の主力行のひとつにしている。

正博は家計に給料を入れないどころか、妻・和代が長女・千景や長男・三博のためにお年玉などを貯金していた通帳から無断で金を全部引き出して職人らの給与支払いに充てる始末だった。預金不足で電話代が引き落とせない、と銀行から自宅に毎月のように催促がきた。「午後3時すぎの電話は大抵、銀行からの催促だった」と和代。正博が給料を初めて家に入れたのは1968（昭和43）年で、それまでは和代が婚礼美容の仕事に行く姉・高橋昌子の助手をして祝儀をもらったり、作業手袋をたばこ屋に納入する手数料などで食いつないだ。

和代の恐ろしい体験はそんな状況の中で起きた。千景がまだ2歳のときだった。その日も作業手袋を問屋へ納品するため自転車の後部荷台に箱をくくりつけ、前部には幼い千景を乗せて和歌山城南側にある三年坂を下っていた。その横をトラックが猛スピードで通り抜けたため、和代はバランスを崩してハンドルがぐらつき、もう少しで倒れて千景がひかれるところだった。「千景を（トラックにひかれて）殺してしまうのではないかと想像すると怖くて、その場で体の震えが止まらなかった」。発明にばかり熱中して家計には一円も入れてくれない研究の虫と結婚し、和代は家族を養っていくので必死だった。
一方、増え続ける会社の負債に専務の後藤武治は1つや2つの発明で返済は無理だと嘆き、「返済できたら目でこんこ（漬物）噛んで逆立ちしたる」とまで言い切った。正博が後藤に勧められるまま、死亡保障総額1500万円の生命保険に加入したのもこのころ。《専務も死亡保障500万円の保険に入ったから、いざとなったら2人の命と引き換えで2000万円。これに会社所有の土地と山を売れば3000万円ぐらいは工面できる。商社への借金以外はなんとか返せる》
会社のすぐ近くを国鉄紀勢本線（現・JR紀勢本線、通称きのくに線）が走り、警報機のない踏切があった。目立ちにくい方向から車を走らせて午後3時すぎの列車に飛び込む――。正博と後藤は冗談とも本気ともつかぬ計画を練った。

聖夜の奇跡

正博は「作業用メリヤス手袋」（ゴム入り安全手袋）の発明で１９６３（昭和38）年度発明協会の近畿地方表彰優秀賞と和歌山県支部表彰特賞を獲得した。こんな素晴らしい技術力を持ちながら、経営の窮地に追い込まれた若者をなんとか助けてやりたいと思いやる官吏がいた。和歌山県串本町出身で京都帝国大学法学部を卒業して和歌山県庁入りし、この年6月から経済部長のポストに就いていた仮谷志良《しろう》である。

「和歌山では島精機製作所はつぶれるといううわさが回って、どこも金を貸さないだろう。大阪まで行って中小企業の太っ腹な経営者を探してきてくれ」

後に出納長、副知事を経て１９７５（昭和50）年から95（平成7）年まで5期20年にわたり知事を務めることになる仮谷は正博の優れた才能にほれ込み、同社のスポンサー企業を探してやろうと思い、県の工業診断員らに発破をかけた。

1964（昭和39）年は東京オリンピックが開かれ、世間は東洋の魔女の活躍などに沸き立っていたが正博らは金策に走り回っていた。そして年末になりいよいよ追い込まれた。12月25日に決済期限を迎える額面60万円の手形がどうしても落とせそうにない。「手袋編機を完成させるには時間が足りない。もう、列車に飛び込むしかないのか」

あきらめかけていた24日夕方、風呂敷に包んだ100万円の現金を持った、初老の見知らぬ男がひょっこり正博を会社へ訪ねてきた。「明日に間に合うように金を持ってきたで。領収書も何もいらん。返済は金ができたらでええから仕事に頑張りなさい。従業員たちも正月を迎える金がいるやろうから、手形を落として残った金はみんなに1万円ずつ、やんなさいよ」

これぞクリスマス・イブの奇跡！　仮谷の指示で工業診断員が探してきたスポンサー、大阪市西成区のプレス加工会社「上裕《かみさこ》金属工業」社長の上裕俊雄だった。1902（明治35）年に和歌山県有田郡八幡村（現有田川町）で生まれ、大阪の製缶工場で見習いなどを経て独立した苦労人で、和歌山出身の松下幸之助に心酔し、自宅で苦学生らの面倒を見る慈善家でもあった。

大阪でプレス加工会社を経営していた上硲俊雄㊧は和歌山県工業診断員の要請に応じて、見ず知らずの正博に当時としては大金の100万円を資金提供した（上硲桂之介提供）

長男で、後に偶然にも島精機製作所の産業医を務めることになる上硲桂之介は「和歌山市内に立派な機械を作った人（正博）がいる、としょっちゅう父から聞かされた。自分がなし得なかったことを島さんに託したのかもしれない」と話す。

九死に一生を得た正博はこの日から1週間、一睡もせず全自動手袋編機の完成に向けて作業を続けた。金属材料をノコ盤で切り、小さく旋盤送りし、研磨機を回してバリ取りして……。座ると眠気に襲われるので、食事も従業員に買ってこさせた牛ステーキを立ったままで食べ、出回り始めた大正製薬の栄養ドリンク剤「リポビタンD」を水代わりに飲んだ。

大みそかを迎えて試作機が出来上がった。徹夜続きでうっかり指を挟まれ、正博の手には包帯が巻かれていた。スイッチを入れると心地よい音色が鳴り出し、その響きを聞いた瞬間、正博は成功を確信した。2分15秒後、5本の指から手首まで一気に編み上げられたゴム入り作業手袋が機械から送り出されてきた。正博が完成を信じ続けた世界初の全自動手袋編機がついに日の目を見たのだ。

「全自動手袋編機がうまく動き出しましたよ。1月3日に会社で展示会をしますからぜひ見に来てくださいね」。正博は興奮した口調で、県内の手袋業者に片っ端から電話をかけまくった。

増産の仕掛け

明けて1965（昭和40）年。正博らは正月返上で会社の食堂に紅白の幕を張り全自動手袋編機の展示会場に模様替えし、3日の本番を迎えた。詰めかけた手袋業者のために朝8時から夕方5時まで機械を動かし続けて性能をアピール。半信半疑の業者たちも次々と機械からはき出される作業手袋の完成品を目の当たりにして驚きの表情を浮かべた。

ただ、借金漬けの正博は製造注文を受けても部品を仕入れる資金がない。機械の販売価格は1台30万円で、注文は「1台10万円の前金をいただき、10台単位でしか受け付けない」ことにした。それでも60台の取引が即決し、600万円の現金が入ってきた。

県内向けでそれだけ売れたのだから、全国の業者を対象にしたらどれだけ売れるだろうか。正博はさらに2台の試作機を完成させて2月3、4の両日、和歌山市西汀丁の県経済センターに並べて展示会を開いた。続いて名古屋でも同様の展示会を開き、県内分と合わせて計600台の受注に成功。前金だけで負債が一掃できる6000万円に達した。

ただ、受注はしたものの、納品が遅れてできないと詐欺になってしまう。年内に注文をさばくため、正博は2月を準備作業に費やし3月に月産10台でスタート、月10台ずつ増産してゆき、12月に月産100台、年内累計で550台とする生産計画をたてた。社員には1台につき月給の1％の報奨金を出すことも決めた。しかし、専務の後藤武治も社員も心の中では生産計画の達成など無理だと思った。

全自動手袋編機生産の合間を縫って実施された島精機製作所の慰安旅行。前列左から3人目が正博＝1965年4月3日、和歌山県串本町（同社提供）

正博はここで生産性向上の切り札として、和歌山工業高校時代の同級生で三菱電機に勤める粉川安夫のヘッドハントに動く。粉川は正博より3歳年上で高校時代から人をまとめる才があり、文化祭の芝居をアドリブでやってしまうように機転がきいた。そして何よりも三菱電機の技能競技会で優勝するほどの卓越した技術を持っていた。

正博はさっそく高校時代の恩師、早川禎一を通じて粉川にアプローチしたが、当時の島精機製作所は中小企業である。三菱電機の粉川の上司は「手袋は市場が小さいから、機械がひとつぐらい当たっても線香花火で終わってしまう。ここに残りなさい」と慰留した。

迷う粉川を正博は必死で口説いた。「手袋が駄目になったら穴あきうどんの機械を考えている。うどんは麺（の断面）が丸いより四角いほうが出汁のつく面積が多いからうまい。麺に細かい穴をあけたらもっと出汁を含んでうまい。僕はうどん屋をやっても世界一になれる。うちへ来てくれ」

結局、正博の誘いに応じた粉川は「清水の舞台から飛び降りるような気持ちで」工場長に就任した。当時の島精機製作所はまだ零細企業に毛が生えたような存在だった。粉川が三菱電機の勤務時代には近所の酒屋などの払いには付けがきいたのに、島精機へ転職後はすべて現金払いを求められたというから、当時の世間の島精機に対する評価はその程度のものだったのだ。

生産能力を増強するため、この年には粉川だけでなく新人も大量採用した。和歌山工業高校機械科を卒業した滝口直一は全自動手袋編機を見て「和歌山にこんなすごい機械を作る人がいるんや。ここに行こう」と決めた。

滝口によると、当時、休みは2週間に1日だけ。午後5時で定時勤務は終わるが7時まで残業するとパンと牛乳、9時まで働くとラーメン、10時まで残るとギョーザが工場長の粉川から振る舞われた。夕方になると社員たちに「きょうはどっちな。ラーメンか、ギョーザか」と残業を促す粉川の姿があった。

こうした社員たちの頑張りもあり12月は目標を大きく上回る月産132台を記録、年内の出荷台数は計580台に達した。

量から質へ

全自動手袋編機の量産は軌道に乗ったが、ここで新たな問題が持ち上がった。納品した機械に故障が続発し、社員が修理に出向く回数が急増したのだ。修理に手間が取られると、製造時間が減り、生産性は落ちてしまう。専務の後藤武治は「機械が故障ばかりで困っている」と県に相談し、県中小企業総合指導所から工業診断員の森本弘を紹介されている。

「機械を購入した和歌山・箕島地区などの手袋業者から『動かんので前金を返してくれ』という苦情も増えていた。他社製の編機がテコの原理を応用した単純な仕組みだったのに比べて、島さんの機械はずっと高度で複雑なだけに故障も多かった」と森本。故障原因のほとんどは部品の精度不足だった。台数をこなそうとするあまり、部品などが雑になっていたのだ。

元取締役の森田敏明も入社した1965（昭和40）年当時は夕方5時まで機械を組み立

てた後、箕島や大阪・河内長野の納入先へ故障の修理に出かける日々。「機械は標準化されておらず、一品料理を作る感覚だった。修理に行ってもなかなか直らず深夜になってしまい専務が車で迎えに来てくれたりもした」

会社慰安旅行の集合写真で前列中央に陣取る正博と後藤専務＝1967年4月（滝口直一提供）

島精機製作所は森田が入社した年に年間の注文台数をこなして前年の約10倍に当たる1億6500万円を売り上げたが、故障の苦情も山ほど抱えていた。このため正博は翌年に方針を転換。月産100台程度に抑える代わりに品質の向上を重視して部品加工の段階から精度を高めていくよう求めた。その結果、編機の品質が見違えるように安定していった。

「昭和40年は量をこさえたが粗製乱造だった。1年間で赤字を消した段階で、数ではなく質でいこう、魂を込めていいものを作ろうと決めたんです」

これに伴い、機械を1台完成させるごとに基本給の1％を払っていた増産手当（報奨金）を業績配当制度へ変更した。夏2・5カ月分、冬3カ月分のボーナスとは別に、会社があげた利益に応じて3回目の賞与を出すという型破りな制度だ。税引き前利益を会社4、株主4、社員2の割合で配分すると、税引き後利益の受取額は会社、株主、社員の三者でほぼ同じになる。正博はこれを〝利益三分法〟と呼んだ。社員のやる気を引き出す優れた報酬体系だと世間から高く評価されるようになるのは後年で、当時は他社の経営者たちから「発明はできても経営はやっぱりド素人やな」と冷笑された。

正博はこのころ、もうひとつ画期的な経営手法を〝発明〟している。顧客への研修制度だ。世界初の編機の仕組みについて、買う側に勉強してもらい、ちょっとぐらいの故障なら顧客自身で直せるようにするという発想だ。顧客の担当者に1日か2日、島精機へ泊まりがけで来てもらい、機械の使い方や仕組み、修理方法を指南する。夜は正博の自宅か会社の蚕棚ベッドで寝泊まりしてもらい、ミカン箱を食卓代わりにして正博も顧客と一緒に飯を食べた。

最初こそ「島精機は、機械を買ったら『研修に来い』と偉そうに呼びつける」と反発する顧客もいたが、研修を受けた顧客同士が軽微な故障の対処法を教え合うネットワークも自然に生まれていった。島精機の生産の質が上がったことも相まって故障の苦情はどんどん減っていき、故障の処理対応から解放された社員らは生産・開発に専念できるようになっていった。

ちなみに、この全自動手袋編機は2017（平成29）年度に日本機械学会の90番目の「機械遺産」として認定された。歴史に残る機械技術関連遺産を大切に保存し、文化的遺産として次世代に伝えることを目的とした認定であり、これまでにマツダのロータリーエンジンや東海道新幹線0系電動客車、旅客機YS11、コマツのブルドーザーG40、札幌市時計台の時計装置、オムロンの自動改札機、TOTOのウォシュレットG、有人潜水調査船「しんかい2000」など画期的な機械104点が認められている。

横編機進出

島精機製作所の業績が軌道に乗った1966（昭和41）年の干支は丙午《ひのえうま》。この年に生まれた女性は〝気性が激しく男を食い殺す〟という迷信があったため国内の出生数は激減している。

和歌山市ではこの年5月末、初代公選市長の高垣善一が5期目の任期途中に急逝し、後継市長には正博に空手を指南した宇治田省三が就任する。東京では6月末〜7月初めに100時間あまり、ビートルズが初来日して武道館で5回にわたって公演したが、若者たちの熱狂をよそに29歳の正博は編機開発に没頭し、6月に新たな経営判断を下す。

出願中も含めて約300件にも膨れあがった正博の特許・実用新案を管理するとともに、新製品を開発するための会社「島アイデアセンター」を発足させて島精機本体から分離。本体売り上げの4％を開発部隊のアイデアセンターへ回す仕組みを作ったのだ。

これには伏線があった。工場長にするため粉川安夫を三菱電機からヘッドハントする際、同社の上司が粉川をひきとめるためにかけた「手袋は市場が小さいから、ひとつぐらい当たっても線香花火で終わってしまう」という言葉がおりのように正博の心の底にへばりついていた。手袋だけでは先が知れていることを思い知り、収益の新たな柱を作る必要性を感じていた。

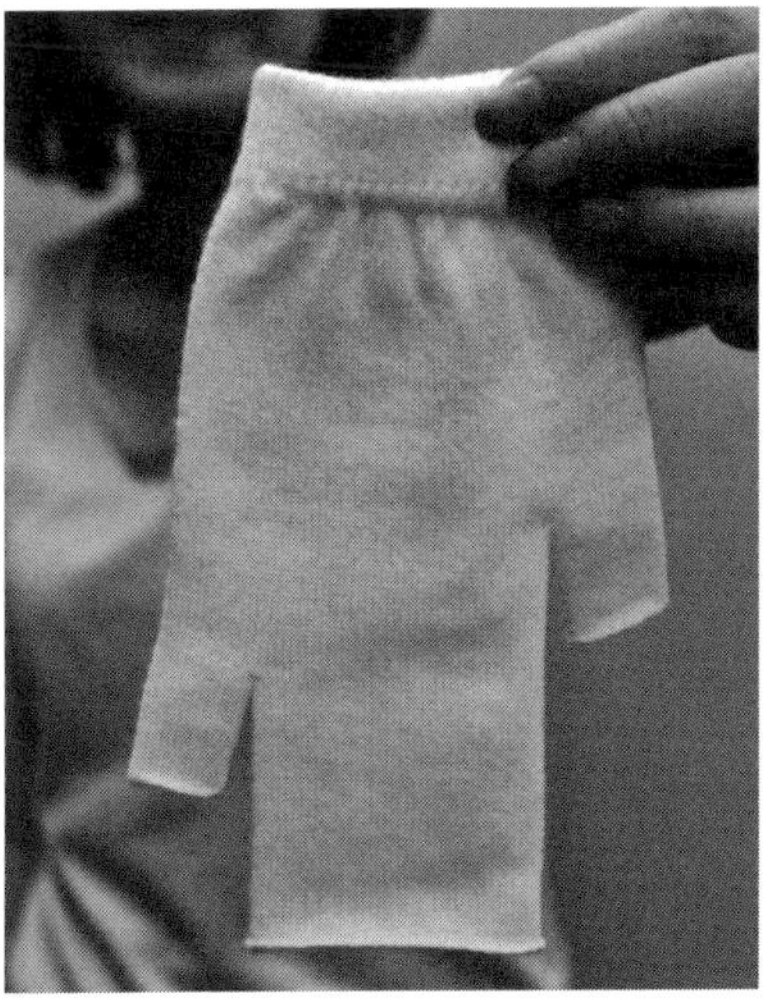
編成する前の3本指手袋を逆さにするとミニチュアのセーターに見える。正博はここからセーターなどを編む横編機業界への進出を決めた

「(全自動手袋編機という)新しい、今までにない機械を開発したから顧客は買ってくれた。しかし調子に乗っていたら、そのうちまた困ることになる。業績が落ちる前に、新しいものを開発しないといかんな」

正博は会社を興す前から、3本指の手袋を逆さにするとセーターと同じ形になることに気付いていた。後年、米国での展示会で説明するために製作した3本指の手袋がある。人さし指、中指、薬指部分は分け目がなく1本の筒で、親指、小指を含めて3本の指先は編成する前の状態だ。指先を下に向けて眺めるとまさしくセーターに見える。ここから次の柱を発想した。アイデアセンターの本格的な仕事として1967（昭和42）年から取り組むことにしたのが、セーターなどのニット製品を生産する「横編機」の開発だった。外国勢も含めて競争は激しい分野だが、パイは手袋編機とは比べものにならないほどに大きかった。

1967（昭和42）年3月、島精機は東京・晴海の東京国際見本市に、全自動手袋編機を応用した全自動タイツ編機を出品したが、本格生産は見送った。横編機分野への進出を決め、世界のどこにも存在していない全自動フルファッション衿《えり》編機の開発・生産を目指したからだ。

当時、海外の先発メーカーの自動横編機でも、ポロシャツなどの衿部分は手編みで目を減らしてシャープな形に整えていた。正博は衿編みの目減らしをすべて機械でできるようにしようと考えたのだ。

欧州では4年に1回、繊維機械のオリンピックといわれるITMA（国際繊維機械見本市）が開かれる。次回はこの年9月下旬にスイス・バーゼルで予定され、海外勢が全自動衿編機を出品してくると予想された。正博はこれを出し抜こうと思った。しかし、である。手袋編機一筋できた島精機には、横編機の基本を知る者さえいなかった。

「世界初」への賭け

ＩＴＭＡ'67がスイス・バーゼルで１９６７（昭和42）年9月27日から始まることになっていた。全自動衿編機を出品してくるであろう海外の横編機先発メーカーに先んじて〝世界初〟を名乗るには、それ以前に発表しなければならない。

当時はワイシャツのようにシャープな衿の形をしたポロシャツが世界的にはやっていたが衿編みの目減らしは手作業で、全自動機を作れば大量受注が期待できた。正博はＩＴＭＡ開幕直前の9月15日に大阪・中之島の国際貿易センターで世界初の「全自動フルファッション衿編機」を発表すると決め、１８０日前の3月中旬に会場を予約した。フルファッションとは編機で糸の編み目を増減して見ごろや袖などのパーツを完成させる「成形編み」のことで、裁断・縫製の後工程が必要な「生地編み」の対義語である。

ただ、この時点で島精機製作所には衿編機の設計図さえ存在しなかった。「社員は横編機の基本さえ知らなかった。機械の全体像は島社長の頭の中だけにあり、開発が進むたびに必要な図面が出てきた」と元取締役の森田敏明は振り返る。

ここで編物の種類や仕組みを簡単に紹介しておく。経糸《たていと》と緯糸《よこいと》を交互に組み合わせる織物に対し、経または緯方向だけの糸で作り伸縮性を持たせたのが編み物。ニット、メリヤス(莫大小=スペイン語の転化)も同義語で、「水戸黄門がメリヤスのパッチをはいていたという言い伝えもある」(南方淳一・和歌山ニット工業組合元理事長)

島精機製作所は横編機の本場の欧州勢を出し抜き、世界初となる「全自動フルファッション衿編機」を発表して新分野へのデビューを果たした（同社提供）

編み目を緯方向に連続させて生地を作る「緯編み」と経方向に連続させる「経編み」があり、緯編みは回転運動でメリヤス肌着などを大量生産できる「丸編機」と、左右の往復運動で生産効率は少し落ちるが上着の柄やサイズ変更に対応できる「横編機」で棲み分けていた。

島精機製作所が設立以来手がけてきたのは横編機の中でも小横機に分類される手袋編機で、大編機である衿編機はズブの素人。それが大胆にも半年で世界初の「衿編機」を作ろうというのである。

発表の3カ月前になると、機械が完成していないにもかかわらず、正博は京都工芸繊維大学の有力な教授に仕組みを伝え、業者への招待状向けに「これは素晴らしい機械や」とコメントしてもらった。当時、繊維業界の有力者で繊維機械に詳しかった第一メリヤス元会長の小久保恵三からも機械を絶賛する談話を事前にもらい、業界紙に完成記事と併せて載せた。これで機械の完成が間に合わなければ詐欺になってしまう。正博は最後の1週間、またもや徹夜した。

「発表前日も展示会場で仕事着姿のまま機械を調整し、宿泊予約のある隣の高級ホテルのエレベーターに乗ったら『仕事着のまま乗らないでください』と注意された。会場へ戻って作業を続け、キャリッジ（駆動部）を抱えたまま眠り込み、結局ベッドの上では寝られなかった」と徹夜に付き合わされた森田は苦笑する。

この頑張りに女神もほだされたか発表日の朝、編機は動き出した。会場を訪れた業者はたったの5分で衿編みをこなす世界初の機械に度肝を抜かれた。

欧州視察

1967（昭和42）年9月27日、ITMA'67がスイス北部の風光明媚な古都・バーゼルで開幕。18カ国の881社が出品し、技術の向上が著しい日本企業も初出展した。旧プリンス自動車工業のウオータージェット織機を引き継いだ日産自動車（東京都中央区）や豊田自動織機（愛知県刈谷市）、村田機械（京都市）など計8社がブースを設けて繊維機械をPRしている。

コレラの予防接種を受けるなどITMA行きの準備をしてきた正博も大阪・中之島で「全自動フルファッション衿編機」の発表を終えるや否や南回りの飛行機に乗り込んでバーゼルへ向かった。日本からはニット関係で約2000人、紡績などまで含めると総勢約5000人が渡航し、10月6日までの10日間、会場内を視察して回った。会場の様子はどうだったのか。村田機械の社内報から、展示会に参加した当時の第1技術部部長、中原悌二の記述を引用し紹介する。
《一流メーカーはむろん、地元ヨーロッパの小さなメーカーにいたるまで、それぞれくふうをこらした4年間の技術者の執念が熱気をおびて人に迫ります。金色から黒へと髪の毛も目の色もいろいろです。見あげるような大男も、われわれよりももっと小さい国の人々も、真剣なまなざしで喰入るように機械を離れません。ぶっ続け10日間、続々とつめかける地球人たちの熱意はいやが上にも展覧会を盛況へと導き、興奮へとかりたてました》
《メリヤス機は専門外でよくわかりませんが、高速化の問題よりも柄出し、目増しなどの変化編み、自動編みの方向に向かっているように思います。靴下機、丸編みジャージ、緯《よこ》編機、経《たて》編機と、機種が非常に多く、それぞれがかなり専門化されているように見受けられ、歴史と技術の深さを感じました》（原文のまま）
正博も海外先発メーカーの横編機を熱心に見て回った。展示会後に発表されたドイツのストール社とスイスのエドワール・デュビェ社（1987年12月倒産）の衿編機は1枚の編成に12分もかかっていた。正博が日本で公表ずみの衿編機はキャリッジ（駆動部）を短くして往復運動距離を減らし、独自の編み針を開発して先端で目移ししながら後ろで編む技術を複合したため5分で編める。勝敗は明らかだった。

「百年も歴史のある（欧州の）会社がよくこんな幼稚な機械を作ったな」と正博は感じた。日本のメーカーが欧州の〝猿まね〟でない編機を作ったとの評判が広まるまで、そんなに時間はかからなかった。

ITMA閉幕後も正博は欧州に残り、スイス・ヌーシャテルにあるエドワール・デュビェ社の本社工場を見学させてもらった。1867年創業の名門だが並んでいる編機を見て「これは10年で追い越せるぞ」と自信を深める一方、当時、業界最大と謳われた同社の敷地の広さには驚いた。広大な緑の中に工場が点在し、その間を汽車が走っていた。日本の工場とは似ても似つかぬ素晴らしい環境に魅せられ、よい製品を生み出すにはよい環境が必要だと実感した。

本社移転

欧州視察を終えて1967（昭和42）年10月末帰国した正博は手狭になった島精機製作所の本社移転計画に本腰を入れた。まず、和歌山城天守に登り、観光客用に据え付けられた双眼鏡で市内の四方八方を眺めた。スイスの名門編機メーカー、エドワール・デュビェ社の広大な本社工場を参考に、和歌山市内に広い土地を求めて10円玉を何枚も投入しながらくまなく観察した。

和歌山城から見て現在のJR阪和線紀伊駅（北東）方向に8000坪の土地が空いていた。だが買収交渉に入ると値をつり上げられ、断念した。この方向は艮《うしとら》と呼ばれ、陰陽道では「鬼門」にあたる。もともと、縁がなかったのかもしれない。

北西には住友金属工業（現日本製鉄）和歌山製鉄所が、「裏鬼門」に当たる南西は和歌山下津港として既に開発されていた。これに対し、日の昇る南東（辰巳）方向、本社を移することになる和歌山市坂田には田畑が広がっていた。正博は「最低でも1万坪は買ってほしい」と専務の後藤武治に申し出るが、資金の都合で３０００坪に縮小された。それでも移転前の４００坪の7倍以上だ。敷地はその後も広がり続け、今では甲子園球場の約5倍、6万坪を超えている。

１９６８（昭和43）年に始まった新本社の建設は編機の開発と同じく短期間で行う突貫工事となった。県道を敷設してもらい、買収した田畑をつぶして敷地を造成したが、南海電鉄（現和歌山電鉄）貴志川線を横切ってくい打ち機や研磨機などを運び込む踏切がなかった。「南海電鉄からは自己負担で、といわれ、１４００万円を出して踏切をつけた」と正博はいう。

浅川組の建築現場監督として長年、島精機を担当した佐向真澄は同僚から移転工事の苦労話を聞いたことがある。

「埋設されている水道管をつぶさないように道に鉄板を敷き、貴志川線の終電が行き過ぎてから重いくい打ち機を運び込んだりしたそうです。精密機械を組み立てる工場なので、島社長は床面が平坦になるよう、特に精度にこだわられました」

土間の工場が多い時代に、コンクリートの表面に「フェロコン」と呼ばれる特殊合金粉末入り仕上材を散布して金ゴテで平らに仕上げ、硬く緻密な床面を作り上げた。壁と床の境目は直角にせず丸みをもたせ、掃きだし口を床面に設けほうきで清掃しやすくした。紫外線を遮る強化ガラス「ブルーペン」を採用して窓を大きく取り、工場内が明るく柔らかな雰囲気になるように工夫した。事務所は扇風機なのに工場は移転当初から冷暖房を完備し、ホテル並みの清潔なトイレも作った。工場がすべてに優先した。「機械を買ってもらえるから会社が存続できる。会社があっての事務処理であり、事務で会社は繁栄しない」という考え方だ。

9月に完成した新本社工場は国内で他に類をみない斬新な構造になった。建物だけではない。その後、敷地を拡張していくにあたり、もともとあ

労働環境を重視する欧州の横編機メーカーから刺激を受けた正博は島精機製作所を広大な土地へ移転させた＝1968年（同社提供）

った木は優先して残し、防火用貯水槽も噴水のある池にするなど、労働環境への配慮がいたるところに見られる作りになっている。

切磋琢磨

島精機製作所が本社の移転を完了した1968（昭和43）年9月、デビュー4年目の演歌歌手・古都清乃が「和歌山ブルース」（吉川静夫作詞、吉田正作曲）をリリースした。

逢いたい見たいすがりたい　そんな気持ちにさせるのは　ぶらくり丁の恋灯り　真田堀ならネオン川　和歌山泣きたい　ああやるせない……

「串本育ち」のB面収録曲だったが、ぶらくり丁商店街が後押しして夜の街にじわじわ浸透。全国から住友金属工業（現日本製鉄）和歌山製鉄所へ働きに来ていた人たちが切ないメロディーを飲み屋で覚え、故郷に持ち帰り広まったとされる。玉置宏の司会で親しまれたテレビ番組「ロッテ歌のアルバム」で紹介され、1979（昭和54）年に人気が爆発。翌年には新バージョンを録音し、A面に昇格して再発売されている。

1970（昭和45）年大阪万博、翌年には黒潮国体（和歌山県開催）が行われるなど、関西経済は絶頂期を迎えていた。これに伴い、発明競争も激しさを増していた。

国内の特許出願件数は1969（昭和44）年に初めて10万件を突破、実用新案まで含めると23万件に迫り、県内の発明家たちも新たな機械を次々と開発・発表していった。

発明協会和歌山県支部の昭和40年代の資料を見ると、表彰項目には正博とともに西本貫一（ノーリツ鋼機元社長）、中尾輝男（クインライト電子精工元会長）、雑賀慶二（東洋ライス社長）らの名前が頻繁に登場する。元和歌山県職員で同支部の専務理事も務めた岡弘は4人の関係を「仲が良かった。酒を酌み交わしながら技術問題について議論したり、お互いの従業員を行き来させて技術アドバイスや指導し合ったりしていた」と語る。

和歌山では当時、顔料や染料を使って布に模様をつけ加工する捺染《なっせん》業が盛んで、捺染用機械を製造する和歌山鉄工などが主力企業であり、幅を利かせていた。捺染部門外の島精機やノーリツ鋼機などはマイナーな存在で、結束が強まった面もある。正博が親しい仲間と切磋琢磨し、触発されたであろうことはこのころの開発スピードが物語っている。

従来の5倍ほどの作業効率を誇る全自動セミフルファッション横編機（1968年11月）、指先を丸く編み立てる全自動シームレス手袋編機（1970年2月）、パンチカードを利用して模様を編む全自動ダブルカム目移しジャカード横編機（1970年9月）、横編機に経《たて》編みの原理を組み合わせて斬新な柄を生み出す全自動万能特殊柄編機（1971年6月）……。ヒットを連発した。

全自動セミフルファッション横編機は〝見た目〟でも常識を破った。それまでの横編機はグレーやブルーなど油汚れが目立ちにくい色使いだったのに対し、明るいベージュを使った。正博は「顧客は薄暗い工場の中で作業するが、編機をベージュにすれば雰囲気が明るくなり従業員は生き生きする。汚れが目立つから頻繁にふくことになり機械の調子もよくなる」と逆転の発想をしたのだ。

1970（昭和45）年10月には「シマトロニック／SHIMATRONIC」の商標も出願した。このとき既にコンピューター時代の到来を予感していたのである。

特許紛争

横編機への進出を果たす一方で、島精機製作所は1970（昭和45）年2月、「全自動シームレス手袋編機」を完成させ量産を始めた。手袋の丸い指先部分まで自動で編み上げる機械で、正博には特別な思い入れがあった。

1962（昭和37）年に島精機を立ち上げたのは、実はこの機械を開発するためだった。翌年末にいったん製品化したが、精密部品をたくさん組み合わせた複雑な構造で故障が多発し、1年足らずでお蔵入りさせた経緯がある。1965（昭和40）年に発売した「全自動手袋編機」は指先を丸く編む機能を省いて角形に編み、後で人手によって指先をかがり縫いするもので、技術的には後退させた製品だった。全自動シームレス手袋編機は創業以来の夢だった。

ところが、である。同じころ松谷鉄工所（愛知県安城市、以下、松谷）から、ほぼ同じ製品が編める手袋編機が発売され、正博を激怒させた。

「松谷はウチのまねばっかりする。ゴム入り安全手袋のときもまねされ、腹が立っていたのに、今度はウチの指又かがりの特許公告を見てから特許出願していた」

全自動シームレス手袋編機は手袋業界を二分する特許紛争に巻き込まれていった

島精機の全自動シームレス手袋編機にはいくつかの特許、実用新案が採用されていた。このうち指の又部分に穴のできない指又かがりの特許は1965（昭和40）年2月に出願し、1968（昭和43）年2月19日に特許出願公告した。松谷はほぼ同じ内容で2カ月後の4月18日に特許出願していた。ただ、製品を世に出したのは両社とも1970（昭和45）年で横並びだった。松谷は島精機にとって〝不倶戴天の敵〟といえた。

「松谷の手袋は重りで引っ張りながら編むので、出来上がりがピシャッとして見栄えがし、洗うと縮むものの人気があった。島精機の手袋は機械で糸を押し下げるシンカー方式で、出来上がりは小さくて厚ぼったく見た目は悪いが、はめると横にも伸びて手にフィットした。使って初めて品質の良さが分かった」。カンセン社長だった吉野弘は両社の製品の違いをこのように説明する。

見栄えの松谷か、品質の島精機か。シームレス手袋編機を巡り、当時の手袋業界は二分され、「手袋業者の会合でも、それぞれの派に分かれて固まって座るような気まずい雰囲気があった」と発明協会和歌山県支部の元専務理事、岡弘は回想する。

島精機は1971（昭和46）年2月、松谷の編機を使う手袋業者の製造・販売差し止めを求め、大阪地裁に仮処分を申請。4月には特許庁に、松谷の特許が島精機の特許に抵触するとして異議申し立てをおこない、5月には大阪地裁へ特許侵害で松谷など3社を相手取り、本訴訟を起こしている。

手袋業者も巻き込んだ特許紛争はこの年10月に、特許庁が島精機の異議を受け入れて松谷の特許を拒絶査定して決着したかに見えた。だが3年後にドンデン返しが待っていた。1974（昭和49）年6月、大阪地裁は「特許侵害は認められない」として島精機敗訴の判決を下し、控訴審判決（1977年9月）、最高裁判決（1978年11月）とも棄却の形で島精機が敗れ、松谷の編機は島精機の編機の模倣ではないと法的に認められた。係争中に松谷側への牽制効果はあったにしろ、足かけ7年、総額約2000万円の訴訟費用は島精機の持ち出しで、高い勉強代となった。

労働争議

１９６５（昭和40）年10月から57カ月間続いた「いざなぎ景気」は１９７０（昭和45）年7月で終焉し、急成長を続けた国内経済は停滞期に入る。１９７１年の春闘では経営者側が賃上げに厳しい姿勢で臨んだため労働組合との交渉がこじれ、全国的にストライキが多発した。争議行為を伴う労働争議件数は１９７４年まで年々、増えていく。

島精機製作所にも１９７２（昭和47）年2月、労働組合「和歌山県合同労働組合島精機分会」（以下、労組分会）が発足し、賃上げの一律要求や昼休み時間の延長などを求めて動き始めた。上部組織の専従活動家の指示で勧誘を行い、社員２２０人のうち過半数が瞬く間に加入した。しばらくして会社正門前には赤旗が林立し、ビラがまかれた。

正博ら経営陣を慕う社員らは危機感を抱き、労使協調路線を標榜する企業内組合を結成し、労組分会との間で社員の激しい引き抜き合戦を展開した。当時、会社の主任で企業内組合に入った河本善次が振り返る。

「残業が多かったので不満のある人もいただろうが、朝、会社にビラがいっぱい貼ってあるのを見るとしんどかった。仕事が終わってから毎晩10時、11時まで（組合の勉強会を）やったが、向こう（労組分会）は外部のプロ活動家が指導して活動の説明もうまく、心が傾く社員もあった」

会社と社員、株主の3者で利益を分け合う〝利益3分法〟を導入し、ボーナスを年3回出して厚遇していると自負する経営陣。一時金を会社が恣意的に配分し昇進・昇給の処遇に差別があると主張する労組分会。落としどころが見つからず交渉は長引いた。「島正博は（正当な賃金を社員に払わない）盗人だ」「組合つぶしの悪徳幹部6人」という趣旨のビラが和歌山市内中に貼られた。

1974（昭和49）年2月に会社が労組分会の書記長で後に県地方労働組合評議会事務局長となる瀧壽行に異動を発令したところ、瀧が拒否したため出勤停止にし、それでも応じなかったため解雇に踏み切った。労組分会は和歌山地方労働委員会（以下、地労委）へ不当労働行為救済を申し立てた。

労組分会は和歌山市内にビラをベニヤ板に針金でくくりつけて抗議し、会社正門前でピケを張った。会社幹部と「(敷地へ)入れろ」、「入るな」ともみあいになったと振り返る。そして和歌山地裁に地位保全と賃金支払いの仮処分を申請した。

不当労働行為救済の申し立てについては地労委がこの年4月、労組分会の言い分を認め、中央労働委員会も翌年12月に会社側の再審査請求を棄却、1976(昭和51)年10月に東京地裁が労組分会に分があると判断を示した段階で和解し、瀧は自己都合退職扱いとなった。

4年半の争議中も正博は動じなかった。取引先のユニホーム製造販売会社「カンセン」社長だった吉野弘は「(正博は)大物だね。落ち込んだ風を全然表に出さなかった。技術に自信を持ち、正しい会社経営をしている信念があったんでしょう」という。労組分会の活動はその後、下火となり、2007(平成19)年に完全消滅している。

オイルショック

1973（昭和48）年10月、エジプト・シリアの連合軍はイスラエルに奇襲攻撃を仕掛け、アラブ諸国とイスラエルによる第4次中東戦争が勃発した。戦争自体は17日間で停戦したものの、OPEC（石油輸出国機構）加盟のアラブ諸国は、原油の値上げ、生産量の調整、イスラエルを支援する米国、オランダへの禁輸――を実行したため世界経済が大混乱した。世にいうオイルショックである。

当時、原油の78％を中東からの輸入に依存していた日本も深刻な影響を受け、物価が高騰。パニックに陥った消費者の買いだめでトイレットペーパーや洗剤などが店頭から消える騒動に発展した。個人消費も企業の設備投資も冷え込み、国内経済は深刻な不況に陥った。1974（昭和49）年は戦後初めてのマイナス成長（▲1・2％）を記録している。

正博の〝経営の師〟である森林平率いる工作機械メーカー・森精機製作所も、同年には取引商社の倒産のあおりを食って8億円の損失を被り、経営危機のうわさをたてられるなど、さんざんな目に遭っている。

繊維業界にも不況の波が押し寄せた。島精機製作所へもこの年の早々から商社を通じて編機の注文キャンセルが相次ぎ、納品した機械が次々と工場へ戻ってきた。このとき正博は36歳。高校生のとき、新聞拡張員にいわれた「36歳で死ぬ可能性が非常に高いから気ぃつけや」の予言が脳裏をよぎった。他の予言内容がことごとく当たってきただけに薄気味が悪かった。

「オイルショックで総代理店の商社が機械を引き取ってくれなくなったのに、外注先からは編機の部品がどんどん届き、機械を組み立てていくので、たくさんの在庫の山ができた」と正博は話す。

昭和40年代に売り上げが毎年のように前年比1・5倍ぐらいで伸び、1973（昭和48）年5月~翌年4月期は年商36億円にまで成長していた同社の業績にも急ブレーキがかかり、夏ごろには運転資金にも苦労する状態になった。

《繊維業界の不況で操業短縮や操業中止をする繊維工場が出、島精機も五月ごろから織維機械の受注が落ち、現在では販売額で二〇%、生産量で四〇%もダウンしている、という》（1974年9月14日付、朝日新聞和歌山版）

営業や経理などを担当する専務の後藤武治は、総代理店の伊藤忠商事、取引金融機関の三和銀行（現・三菱UFJ銀行）や泉州銀行（現・池田泉州銀行）などへ金策に駆けずり回った。営業部門以外から人を集めて集金や手袋編機の販売チームを編成したりもしている。

1974（昭和49）年10月14日には東京の後楽園球場で、ミスター・ジャイアンツこと長嶋茂雄が「死力を尽くし、最後の最後までベストを尽くして戦いましたが、力ここに及ばず、10連覇の夢は破れ去りました。私はきょうここに引退をいたしますが、我が巨人軍は永久に不滅です」の名言を残して現役を引退し、世間の耳目を集めた。

しかし島精機にとってはそれどころではなかった。10年前に経験した資金ショート寸前の危機に匹敵するような大きな試練に見舞われていたからだ。

盟友逝く

化学樹脂などの販売会社「釣谷商店」会長、釣谷寛は1974(昭和49)年9月12日、いつものように仕事の合間に取引行の三和銀行(現・三菱UFJ銀行)南和歌山支店(現在は閉店)へ立ち寄り、島精機製作所専務、後藤武治=当時54歳=が社内で執務中、自ら命を絶ったことを知った。

釣谷には、半月ほど前に同行支店長として着任したばかりのふっくらとした奥田久男が「えらいことになった。後藤さんはボヤいていたけれど、島精機は立派な会社で(業績は)考えるほど悪くないのに……」と困った顔をしながら、問い合わせの電話応対に忙殺される姿が強く記憶に残っている。NHKの夕方から夜にかけての全国ニュースは「構造不況業種の繊維機械メーカーでついに犠牲者が出ました」とセンセーショナルに伝えていた。

「旅館で一杯飲んでテレビをつけたらニュースが流れていて大きなショックを受けた。

『エーッ！』っていう感じだった」。同支店の取引先で作っていたゴルフ同好会「南緑会」で後藤と親しくなったサンドイッチ製造会社「スールス」の石橋慶三は脳裏にその衝撃の記憶が強く残っている。

石橋によると、「南緑会」初代会長を務めた後藤は銀行支店長を前にしても、他の会員らに「銀行になんかチャラチャラせんでええ。利益が出んようになったら相手にされんのやから」などと豪快に語る親分肌で、会合でも強いリーダーシップを発揮していた。石橋は後藤の性格に魅せられ、とても尊敬していた。

当時は和歌山県の繊維皮革課課長補佐で、後に発明協会和歌山県支部の専務理事を務める岡弘も島精機から連絡を受けて言葉を失った。「2日前にも後藤さんは県庁へ来られ、私の横に座って話をしていかれた。『労働争議では自宅の近所にまで来て（悪口を）いわれるんで家族や近所の人に迷惑がかかって困る』などとこぼしておられたが、普段通りだったのでビックリしました」

だが、もっと強いショックを受けたのは正博だったに違いない。後藤は会社創立時に出資してくれた共同経営者であり、創立以来、専務として口べたな正博に代わって国内営業や資金調達など対外業務を取り仕切ってくれる盟友だった。天才発明家である正博、工場長として現場をまとめあげる粉川安夫とともに、同社の業績成長の原動力であるトロイカ体制を支える不可欠の存在だった。

労働争議に加え、松谷鉄工所を相手取った特許侵害案件では特許庁が島精機側の異議を認めながら、大阪地裁の損害賠償請求訴訟で予想外の逆転敗訴を食らった。そこへオイルショックによる販売不振が重なり、後藤は対外面を取り仕切る責任者として難しい局面に立たされていた。よく眠れなくなり睡眠薬に頼っていたという。「豪快そうに見えて実は繊細な人やった。『ようさん、(機械の)在庫あんねん』と笑い飛ばしていたが、実はとても気にしているようやった」と釣谷は回想する。

「睡眠薬の副作用で幻覚でも見たのか……」。つい2時間ほど前に後藤も交え、商社の担当者らと出前のすしを食べた正博には信じられなかった。

債権者会議

「会社は大丈夫なのか。大丈夫やったらうちの手形を先に買い戻せ」

島精機製作所にはNHKニュースが流れた翌日から一部の債権者たちが怒鳴り込んでくるようになった。ライバルメーカーは「島精機の経営は危ない」といううわさを流し始めた。

しかし当時、横編機業界に占める島精機のシェアは5割を超えており、同社に万一のことがあればニット業界全体に深刻な影響が及ぶと予想された。業界の保護・育成をつかさどる通商産業省（現・経済産業省）の意向を受けた商工組合中央金庫（商工中金）が早々と3億円の緊急融資枠を設定したのはこのためだ。

支店長に昇格し、半月前に三和銀行（現・三菱UFJ銀行）南和歌山支店（現在は閉店）へ赴任したばかりの奥田久男も正博から「日本はニット化率が先進国で一番低いから、通産省は編機の自動化を普及させようとしている。売り上げ減少は一時的なものだ」とい

正博が債権者たちに会社の現状を説明して経営に問題はないと理解を求めた島精機製作所本社の旧食堂（同社提供）

う説明を受けて全面支援を約束した。「こちらも腹をくくります。（債権者の一部には）いくら説明しても納得してもらえないでしょうから小切手を切ってください。私の権限で処理します」

正博は最初の代金支払日である9月20日、債権者数十人に本社社員食堂へ集まってもらい、汗だくになりながら業績の現状と今後の見通しを説明して経営に問題はないと訴えた。しかし、奥田の予想通り、一部の債権者からは罵声が飛び、手形の即時決済を求めて行列を作り始めた。

「売り上げは必ず回復します。でも心配なら、帰りに銀行へ寄ってこれを現金と換えてください」

正博は頭を下げ、作り笑顔で感情を抑えながら、奥田の指示通りに銀行渡りの小切手に裏書きし判をついて渡し始めた。1通、2通、3通……。10通近く切ったところで「（会社は）大丈夫そうやな」というささやきが広がり、列が消えた。数人からは「少ないが現金の蓄えがあるから、よかったら使ってください」という申し出もあった。

「つらいのは一緒や。ともに頑張ろう」。どこからともなく声が上がって会議は約1時間で終わり、ほとんどの債権者が手形をそのまま持ち帰ってくれた。

「自分も事業をしているから業績に浮き沈みがあるのは分かっていた。（島さんの人柄は）小さいころから知っていたし、このままで済ます男やない、この人はもう1回、必ずやり直せると確信していた。（債権に）何の心配も、何の不安もなかったことだけは覚えている」

正博の中学生時代の恩師で、その後に起業して島精機本社の電気設備工事を請け負い、債権者としてこの会議にも出席していた明光電機会長、谷崎博志は正博の訥々《とつとつ》とした説明に強い真実味を感じた。

ただ、債権者たちの理解は得られたものの、オイルショックの影響で製品が売れず、大量の在庫を抱えたままの状況に変わりはなかった。販売総代理店を務める大手商社や銀行からは「300人いる社員をリストラして半分以下に減らしなさい」と助言された。3日間、寝ずに考えた正博が出した結論は、しかし、正反対のものだった。

設備投資と充電

「人間、裸ではおれん。服はいるわけやから、コンピューター制御で多品種少量生産できる横編機を作れば、まだまだ世界中で売れるはずやし、社員も減らさんですむ」

正博は今回の苦境も発明で乗り越えようと考え、その前にまず在庫の山を片づけることにした。島精機製作所の営業部門だけでなく、総務などの間接部門や製造部門の社員も動員して全国を売り歩き始めた。

販売に不慣れな社員たちがトラックの荷台に編機を積み込んで地方都市の業者へ出向き、「機械買うてください。私がちゃんと責任持ってやりますから」と頭をさげながら夜の10時、11時まで回ることもあった。そんな情熱にほだされてキャンセルした倍の台数を注文し直してくれる業者も現れ、製品在庫は3カ月でほとんどはけてしまった。

年は改まって1975（昭和50）年。正博は矢継ぎ早に新方針を打ち出した。まずコンピューターで制御するNC（数値制御）工作機械を約10台導入した。メーカーが在庫を抱えて困っていたATC（自動工具交換装置）付きの高価な最新鋭工作機械を大きく値切り、さらに24回分割払いの好条件で購入した。島精機ではそれまでパーツはほとんど外注で専用機械を使って100個、1000個単位で作っていたが、NC工作機械の導入でいろいろなパーツを自社で少量でも作れるようになり、部品の精度も上がった。

編機のコンピューター化を見据え、商社や銀行の反対を押し切って設備投資に踏み切った正博の先見性がその後の社業発展に大きく貢献したと、横編機の歴史に詳しい第一メリヤス（大阪府枚方市）元会長の小久保恵三は指摘する。

「工作機械が悪かったらあきまへんわ。編機を中国などへ輸出しても動かん。島さんは精度の高い工作機械を入れておやりになったから、パーツをどこへ持って行ってもキチッと合う。今日これほどまでに会社が成長した大きな理由でしょう」

併せて、このNC工作機械を使いこなし、コンピューター編機を開発するため、人員削減どころか、新たに大学で電子工学を専攻した新入社員を補強するとともに、仕事のない既存の社員にもコンピューターや数学（三角関数）の勉強を半年間させて備えた。

東ドイツ（当時）のライプチヒで行われた国際機械展で予期しなかったゴールドメダルを受賞して喜びをかみしめる正博＝1975年9月、ライプチヒ（島精機製作所提供）

さらに景気づけのため、手袋の柄をパンチカードで制御するジャカード方式を取り入れ、親指部分も立体的に編む「全自動ジャカード手袋編機」の開発を始め、わずか半年後の9月に東ドイツ（当時）のライプチヒで開催の国際機械展に間に合わせた。

現地入りしても手袋編機の調子が悪く調整が続くという綱渡り状態だったが、審査当日になって順調に動き出し、出展600社中21社だけに与えられたゴールドメダルを獲得した。思わぬ朗報に正博は急遽、体型が似ていた日本の商社支配人から借りたダークスーツで授賞式に臨み、エーリッヒ・ホーネッカー国家評議会議長と握手を交わしてシャンパンで乾杯した。

ゴールドメダル受賞のニュースは欧米のみならず日本にも伝わり、オイルショックによる経営危機説を吹き飛ばす絶好のアピール材料となった。

3原色の啓示

1976(昭和51)年2月、米国の上院外交委員会多国籍企業小委員会(通称、チャーチ委員会)でロッキード事件が発覚し、同年7月には首相経験者の田中角栄が受託収賄と外国為替及び外国貿易管理法違反の容疑で東京地検特捜部に逮捕された。学歴・家柄に頼らず己の実力で首相に上り詰め〝今太閤〟の異名をつけられた田中の摘発は世間の耳目を集めた。

和歌山市内では3年前に着工していた市役所の新庁舎がこの年3月に落成し、業務が始まっている。

ちょうどそのころ、正博は工場長を務めていた粉川安夫らを連れて石川県にある石川製作所の工場見学に出かけている。横編機の鋳物部材の外注先である静岡県の企業がヤマハ発動機の下請けに専念することになり、代わりに紹介された工場だった。

目的は当然、鋳物部材を作る工場見学なのだが、そこでは併せてオフセット印刷の機械も製造していた。見学ルートの途中でオフセット印刷された写真をルーペで拡大して見ていた正博はじっと息を殺し、その場を動かなくなった。目に飛び込んできたのは思い描いていた写真ではなく、シアン（青緑色）、マゼンタ（赤紫色）、イエロー（黄色）の「色の3原色」の細かい網点の集まりだった。かねて、なぜオフセット印刷が写真のように見えるのか不思議に思っていたが、3原色の組み合わせなのだということが納得できた。

「これや、これっ！　見た瞬間、『これを使って開発したら、コンピューター編機のプログラミング言語になるぞ』ってひらめき、血が騒いだ」。案内役の石川製作所の社員そっちのけで、正博はひらめきに興奮していた。

編物は基本的に「ニット」「タック」「ミス」の3種類の編成方法を組み合わせる、いわば〝3進法〟の製品で、電気信号の「オン」「オフ」という2進法で表現するデジタルとはあまり相性が良くない。紙のパンチカードに穴を「開ける」「開けない」の2進法で情報を入れ、柄を指示するジャカード方式はあったが、デザイン画をいったんパンチカードに置き換えるため、複雑な柄を出すことはできなかった。

1975（昭和50）年にイタリア・ミラノで開かれたITMA'75にはドイツのストール社、スイスのエドワール・デュビェ社が「コンピューター横編機」を出展したが、いずれも柄出しにパンチカードを使うジャカード方式を採用するにとどまっている。

しかし3原色と横編みの編成となら、〃3進法〃同士で画期的なシステムが構築できるのではないかと正博は直感した。このアイデアはのちに、手袋編機、横編機に次ぐ島精機の第3の柱「デザインシステム」へと発展し、編機と融合した革新的な商品として結実する。

石川製作所の工場見学を終えた夜、福井県の芦原温泉で同社の接待を受けた正博は上の空。一刻も早く和歌山に戻り、ひらめいたアイデアの具体化に取りかかりたい心境だった。

コンピューター化の波

オイルショックを経て大量生産・大量消費の時代は終焉し、ニット業者も消費者のニーズに合わせて個性的な製品を少量ずつ作りたいと願うようになった。

従来の横編機は1つの柄番作りに200万円以上もかかり、1万着を生産しても1着当たり200円以上の柄出しコストがかかった。100着なら1着当たりの柄出しコストは2万円以上となってしまい商売にならない。多品種少量生産するにはコンピューター化が不可欠だった。

124頁でも触れたが、1975（昭和50）年にはドイツのストール、スイスのエドワール・デュビエなど数社がコンピューターで柄出しする横編機を発表している。ただ、柄を変えるごとに1000本もの編み針を入れ替える作業が必要だった。正博は生産工程全般をコンピューター化して編み針を機械が選択し、編み目の大きさや編み幅なども調整で

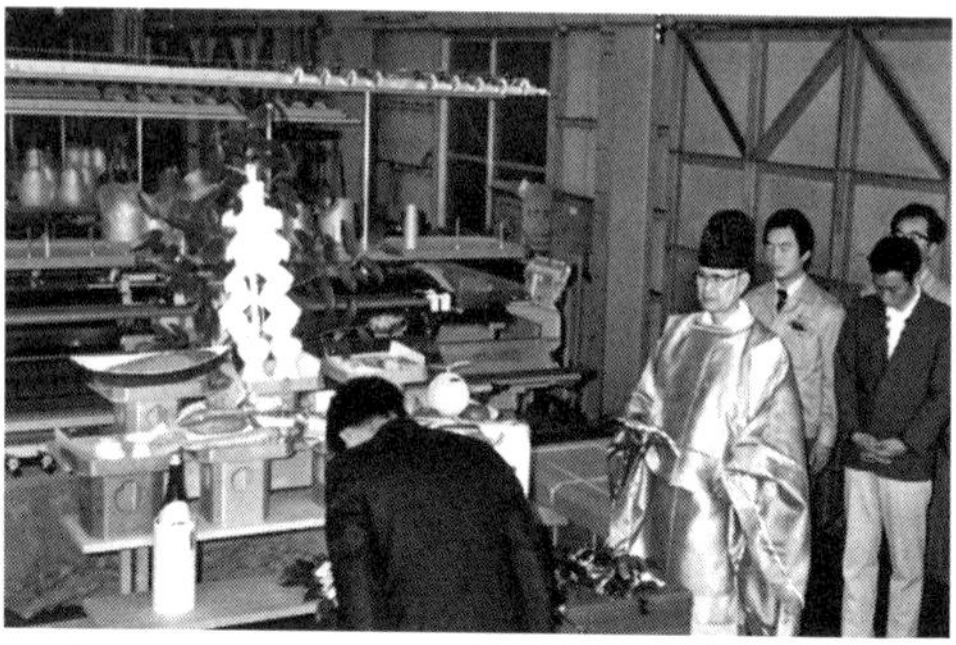

お祓いを受けたコンピューター横編機の成功を祈り、出荷前の1号機に向かって深々と拝礼する正博＝1978年12月24日、島精機製作所本社（同社提供）

きる製品作りを目指した。

「編み針とニードルベッド（針を収納する延べ板状部材）、キャリッジ（左右への駆動部）の図面だけで何十枚も作った。価格が安くなかったらニット業者は横編機を導入しても勘定が合わんから、欧州メーカーの半額の1台７５０万円に設定して開発を進めた」と正博。低価格を実現するために制御装置の相場が1台３００万円の時代、立石電機（現・オムロン、本社・京都市）にすがり１００万円で納入してもらった。

本格的に開発を始めてから2年後の１９７８（昭和53）年、柄出しから生産工程まで一貫しておこなうコンピューター横編機「ＳＮＣ」が誕生した。12月24日、和歌山市にある日前宮の神主からお祓《はら》いを受けた1号機が新潟県のニット業者へと出荷された。

同時に、横編機の制御装置に柄組み情報を指示するため、柄のデータを紙テープに穴を開けて伝達する「テープメイキングシステム」も独自開発して発売した。システムは前年に入社したばかりで後に取締役までスピード昇進する若手エンジニアの〝初仕事〟で、数年後には紙テープからフロッピーディスクへと進化していく。

ただ、コンピューター横編機はあまりに先進的で、業界紙や大手商社はその社会的意義をすぐには理解できなかった。国内で５００台も売れれば需要はなくなるという厳しい予想をたて、日産1台からスタートしてすぐに日産10台へ上方修正した正博を「ほら吹き」扱いする始末だった。しかし、多品種少量のニット製品を生産できる横編機が輸入品の半額で購入でき、性能も優れていたのだから売れないはずがなかった。

ニット製造業「東京日莫」（本社・群馬県）の相談

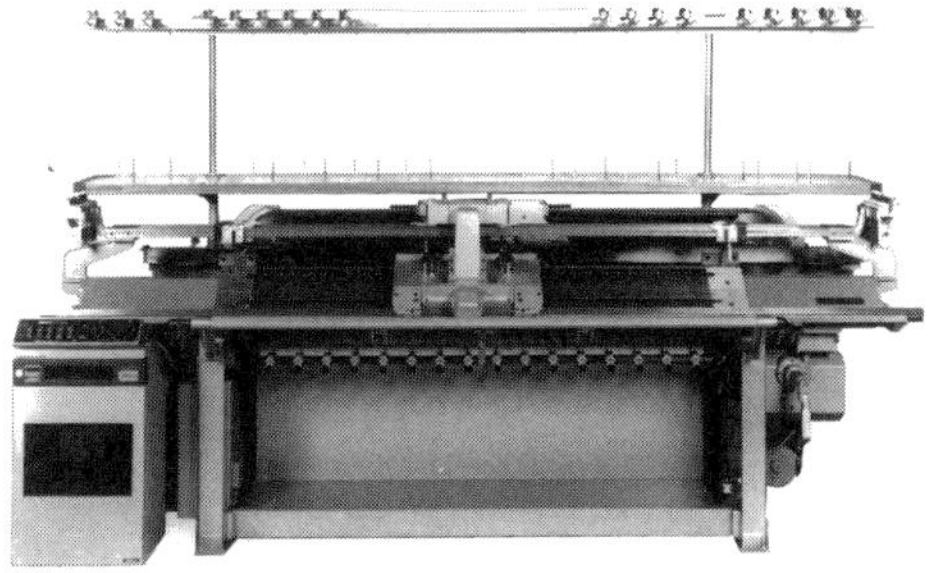

製品の直接販売に道を開くきっかけとなった島精機製作所のコンピューター横編機「SNC」（同社提供）

役、伊藤忠夫は「国内ではコンピューターへの理解など、まだなかった。ジャカードの柄編成がメカからコンピューターへと変化しただけでも大変なことだったただけに、島さんの横編機にはびっくりしました。ニット業界全体が島さんの新しい機械を入れるのに意欲的でした。昭和の終わりごろまでは国内ニット業界も機械を減価償却するだけの力は持っていたのです」と回想する。

直接販売

1978（昭和53）年に発売したコンピューター横編機「SNC」は島精機製作所にとって、もう一つ、大きな意味を持つ製品になった。総代理店である商社を通さずに直接販売する道を開くことになったからだ。

島精機は1962（昭和37）年の創業以来、商社と代理店（その後に総代理店）契約を結び、製品は商社を通じて業者に販売していた。繊維商社から発展し、「関西五綿」と呼ばれていた伊藤忠商事、丸紅、東洋棉花（現・豊田通商）、日本綿花（現・双日）、江商（現・兼松）の販売網は、まだ中小企業だった時代の島精機にとっては魅力的であり、威力を発揮した。しかしオイルショックで在庫の山を抱えて困った際、正博は総代理店の冷たさも思い知った。

「在庫を引き受けてもらうのに金利を払い、しかもたった1カ月分だけ。1年分ならともかく、それで総代理店というんだから契約を続ける価値がない」。しかし、真正面から総代理店の解約を申し入れても既得権を簡単に手放してくれるとは思えず、角が立って商売がやりにくくなることも十分に予想された。

島精機が主に製品の企画・開発・製造をおこない、代理店（総代理店）である商社が販売や宣伝・広告、マーケティング、物流などをおこなってきた。時には、どんな製品を作ればいいかという企画のアドバイスも商社から受け、販売価格の設定についても意向を汲むことがあった。1965（昭和40）年に全自動手袋編機を発売した際の代理店は江商（現・兼松）、1968（昭和43）年に全自動フルファッション衿編機を発売した際の総代理店は伊藤忠商事だった。

商社の機嫌を損ねずに、いかに総代理店契約を消滅させるか。正博は一計を案じ、契約更新にあたって商社がのみにくい条件を持ちかけた。体質を強化したいので役員を送ってほしい。会社の株式も半分持ってほしい。さらにコンピューター横編機「SNC」に年間1200台の最低販売枠を設け、製造するための保証金をもらいたい……。

「SNC」のニット業者への販売価格は750万円と設定したので、1200台なら年間90億円相当の商いになる。これは、この年の北海道網走市の一般会計予算額に相当し、商社が島精機に支払う保証金も当然、巨額になる。商社も業界紙も「SNC」は国内で500台も出れば需要が一杯になるだろうと踏んでいたから、正博がいう「日産10台」だの、「年間1200台の最低枠」という数字は妄言に映った。商社内では、正博を呼びつけて、それだけ売れるという根拠を説明させようという強硬意見までわき起こっていた。

結局、商社の担当者が「保証金を出した前例はない」ことを理由に申し入れを断ると、正博は「SNCは開発費がかかっているから資金を回収する必要がある」と回答。今後は総代理店契約はできないと話し、商社が販売することは構わないが、島精機自らも直接、製品を販売することを認めさせた。商社による独占販売に風穴を開けたのだ。

メーカーである島精機と製品ユーザーであるニット業者との距離感はさらに縮まり、結びつきが強まっていく。

第3の柱

１９７８（昭和53）年末にコンピューター横編機「ＳＮＣ」と、柄編成データを紙テープ化するシステムの市場投入を終えた島精機製作所は翌年、かつて正博が石川製作所を見学した際に思い付いた「プログラミング言語に色を使う」システム作りに乗り出した。これがデザインシステムやコンピューターグラフィックス（ＣＧ）という、同社第３の柱へ育っていく。

ＣＧは、米国が１９５０年代に開発を進めた防空管制システムや宇宙計画のレーダー装置にひな型を垣間見ることができる。そして１９６３年に米マサチューセッツ工科大学のアイバン・サザランドがブラウン管とライトペンを組み合わせて線画を描く「スケッチパッド」を開発して民間にも広がった。１９７０年代に入ると米国のテレビや映画の特殊撮影にも登場。映画「スター・ウォーズ」（公開１９７７年）の戦闘シーンやディズニーの

SFファンタジー映画「トロン」（同1982年）などが有名だ。

ただCG製作には数千万円はする高性能コンピューターが何台も必要なため、日本では1970年代後半でも一部の大学が研究している程度で、ブラウン管のディスプレーさえ珍しかった。和歌山大学システム工学部准教授の床井浩平は学生時代の1980年ごろからCG研究に携わるが、「ディスプレー代わりにプリンターでアルファベットを重ね打ちして濃淡をつけ図形を描いたりしていた」と振り返る。

島精機がCGの世界に踏み入れたのはそんなころで、米国から最新技術を持ち込む必要を感じた正博は1979（昭和54）年、若手技術者をニューヨークへ派遣。通訳料は高額になったが、専門用語や業界の情勢に精通した専門家を特別に紹介してもらった。その甲斐あって、2年前に無人惑星探査機「ボイジャー」1、2号を打ち上げていたNASA（米航空宇宙局）が土星のアニメーションを作るために使い、不要になったグラフィックボード（画像処理し表示命令を出す装置）3枚を民間に払い下げる、という最新情報をキャッチ。1枚1500万円の入札価格に、正博は商社を通じて即決で譲り受けた。

「若手技術者に他の荷物は捨てさせ、ボードだけを航空機の客室に持ち込ませて運んだ。

社内ではわれわれが何をやろうとしているか分からず、頭がおかしくなったともいわれた」と正博は苦笑する。

ちなみに、3枚のうちの1枚はアップル社の創業者であるスティーブ・ジョブズが落札し、パソコンの作画機能に応用したという。

島精機では持ち帰ったボードを元に研究を続け、1981（昭和56）年にデザインシステム「SDS—1000」を発表。その後も改良を続けてコストダウンを図り、ニット業者のほか、1985（昭和60）年ごろにはCG装置としてNHKやフジテレビ、TBSなどの在京キー局にも納入していった。

「フジテレビが島精機のシステムを使い、生放送で出演者とCGを合成したのには度肝を抜かれた。画期的だった」と床井。その後、CGの最先端企業とされる米シリコングラフィックス社の技術者から「2次元画像処理については島精機のレベルに追いつかなければ」と聞かされたときに改めてすごさを思い知った。平成時代になって米フォード・モーターやトヨタ自動車などがこぞって車のデザイン開発用に採用したことからも水準の高さが分かる。

また、1995（平成7）年に放映されたNHKの大河ドラマ「八代将軍吉宗」でオープニングのタイトル映像を飾ったCGは、NHKの要請に応じた島精機が技術者とCGシステムを無償提供した賜物だったため、NHKは感謝の意をこめてキャスティングの最初に「島正博」の名前をポンと登場させている。

デザインシステムはその後も進化を遂げ、2000（平成12）年「SDS―ONE」、2007（平成19）年「SDS―ONE　APEX」、2011（平成23）年「SDS―ONE　APEX3」、2019（令和元）年「SDS―ONE　APEX4」へとつながっていく。最新機種は処理速度が従来機種の最大6倍となり、現物に限りなく近い3次元のデザインサンプルを画面上に表示でき、人工知能を活用した画像検索機能なども強化されている。

南風荘

島精機製作所は1978（昭和53）年にコンピューター横編機「SNC」、1980（昭和55）年に多重タックやヨーク編みなど柄範囲を一段と広げた新機種「SEC」、そして翌年にはデザインシステム「SDS—1000」と、革新的な機械を間髪入れずに発表していった。ただ、最新鋭機は仕組みが斬新で、顧客に使いこなしてもらうためには解説書だけでなく、実地研修が必要だった。

顧客向けの研修制度は全自動手袋編機を発売したとき、既に導入していた。顧客のところへ人を派遣するより、顧客を呼ぶ方が社員が少なくてすむからだ。しかしコンピューター化が進み機械が高度になると研修期間も国内顧客向けで1週間、海外顧客は3週間が基本となり、旅館に宿泊していたニット主産地・新潟県などの顧客から「飯がまずい」といった不満も出ていた。

島精機は瀬戸内海国立公園の一角で、和歌浦湾を望む雑賀崎に建つホテルを1981（昭和56）年に買い取り、半年間かけて改修。鉄筋コンクリート7階建てにツインルーム15室と自習室、食堂に展望風呂やラウンジを備えた豪華施設「研修センター南風荘」を作った。講習自体は顧客をマイクロバスで本社に送迎しておこなったが、「研修センターの自習室にも同じ機械を置いたので、夜遅くまで柄組みの勉強をする熱心な人もいた」と初代所長を務めた千田治郎はいう。

料理は手練れの板長が腕によりをかけて和洋食を提供。コメは新潟県内で南斜面の田んぼを所有する農家50軒から2俵ずつ計100俵の厳選したコシヒカリを玄米のままで仕入れて冷蔵貯蔵し、必要量だけを毎日精米して酒造用の水で炊いた。インテリアにも凝った。「世界一の研修センターを作れ」と正博から発破をかけられた総務部の池田豊は「大阪の高級ホテルに泊まりに行き、内装から小物までを研究し、タオルやシーツなども特注した。板長の注文で、食器も有田焼の高価なものを注文した」と振り返る。

正博は「いい雰囲気のところで泊まっておいしいもんを食べて数人ずつのグループで勉強する。和歌山へ来る旅費は顧客に持ってもらうが、和歌山に入ったら全部こちらで負担

コースターをライターで焦がして得意客の小久保恵三㊨の顔にひげを書き込んで大笑いする正博㊧＝島精機製作所のかつての研修センター「南風荘」で（小久保恵三提供）

するという独特のシステムにした」と狙いを語る。ピーク時は板前を6人も抱えて年間約500人の顧客を迎え、ここだけでも手狭になるほどだった。

顧客の一人で横編機に詳しい第一メリヤス（大阪府枚方市）元会長の小久保恵三は「機械の性能を引き出すためには、使う人を徹底的に教育しないといけない。肉でも魚でもコメでもおいしいものを食べさせて家に帰りたくないぐらいにさせて、みっちり研修してもらったら、機械はフルに動きますわな。偉い人ですわ。あの人（正博）は」と感心する。

南風荘は賓客の接待、社員の福利厚生にも使われた。正博の楽しみは、ラウンジでコルクのコースターをライターで焦がして自分と賓客の顔にひげを描くことだった。海外からの来訪者には、ヤマハの白い最新式ピアノを弾いてみせる。みんなが「うまいなぁ」と感心していると、酔った正博の両手がだんだん鍵盤から離れ、自動ピアノだとばれてしまう……。正博がちゃめっ気を発揮する社交場でもあった。

このように南風荘は島精機と顧客をつなぐ重要な〝接着剤〟の役割を果たしてきたのだが、老朽化などにともない2010（平成22）年末で惜しまれながら閉館し、その業務は和歌山城の北東側に面する「Wajima十番丁ビル」の講習室へと引き継がれている。

寸法制御装置

1983（昭和58）年にイタリア・ミラノで開かれたITMA'83に、島精機製作所は手袋編機、衿編機からコンピューター横編機、デザインシステムまでの全製品を出展し、世界中のニット関係者から高い評価を得た。これを機にイタリア市場などにも製品が普及し、フランスやイスラエルなど海外代理店も増えて輸出が本格化していく。

翌年の年頭、正博は社員に「世界のトップメーカーへの道には多くの課題が待ち受けている。海外で通用するメーカーとなるためには1本の針折れに対しても徹底的な原因究明が必要である」と訓示し、1985（昭和60）年には同社初の現地法人「シマセイキ・ヨーロッパ」を英国のロンドンとニット産地・レスターの間にあるミルトンキーンズの工業団地に設立した。サッチャー政権が外資を積極的に導入したころで、正博が経営の師と仰ぐ森林平率いる森精機製作所の現地法人の隣だった。

「外国企業の団地で、ホテルやショッピングセンターがあり、ロンドンから直通列車も出ていた。編機が発明されたレスター近郊には世界最大のニット工場があり、業者が集まっていたのでそちらに横編機を売り、ロンドンにはデザインシステムを売ろうと考えた」

正博の思惑通り、世界最大の工場には数百台のコンピューター横編機を納入できた。しかし、好事魔多し。この工場から「寸法誤差が大きいので機械を100台返品する」と通告を受けたのだ。成形編みするコンピューター横編機は後で切ったり継ぎ足したりができない。寸法の乱れは不良品を意味し、誤差は2・5％までしか許されなかったが、納入した機械はその許容範囲を度々超えていた。

世界最大の工場から最新鋭の横編機に〝駄目出し〟されると、悪評が世界中を駆け巡って会社の致命傷にもなりかねない。「この機械を売っていこう、というときだったからプレッシャーがかかってね。寝ておっても、『これを返されたらいかんぞ』『どうしよう』

糸の長さを正確に測って送り出し、ニット製品の寸法の乱れを防ぐ「デジタル・ステッチ・コントロール・システム」（島精機製作所提供）

とか考えてね」。不安でよく眠れなかったある日、夢の中で正博の頭にアイデアがパッとひらめいた。

《糸を測長して1％（1mなら1㎝）以内の誤差で横編機に送り出せる装置を作れば、温度・湿度が変わっても誤差2・5％以内の範囲におさまるはずだ》

織物と違ってニット（編み物）は日本語で莫大小（メリヤス）と表記することでも分かるように、伸び縮みするつかみどころのないもので、糸の張力の変化を考慮しながら職人が機械を使って勘で編んでいた。それをコンピューター制御で解決する画期的な装置である。

「デジタル・ステッチ・コントロール・システム」と名付けられた新装置は1985（昭和60）年のOTEMAS（大阪国際繊維機械ショー）などに出品され、海外のニット関係者らに衝撃を与えた。8年後に英国クランフィールド工科大学が「（繊維業界で）今世紀最大の発明」と絶賛し、正博に名誉工学博士号を授与したことからも評価の高さが分かる。日本人としては本田技研工業の創業者・本田宗一郎らに次ぐ4人目の快挙で、京セラ創業者の稲盛和夫より2年早かった。

新本社ビル

寸法制御にめどをつけ、輸出も順調に伸び始めた島精機製作所は１９８５（昭和60）年、移転後20年近くなった本社ビルの西側にインテリジェント（高付加価値）ビルを新築して移る計画を立て、竹中工務店に設計依頼した。しかし、規制で高さは６階建てどまり、大型の受電設備が必要など、制約の多いことが分かった。

「インテリジェントビルははしりで、今後、規制緩和されていくし、（正博の）年回りが悪いから、西側のビル建設は延期しなさい。代わりに方角の良い南側に工場を作りなさい」。知人からアドバイスを受けた正博は総工費50億円を見込んだビル建設計画を翌年白紙に戻し、必要性はあまり感じていなかった新工場を5億円で着工した。

それから約1年後の１９８７（昭和62）年10月19日月曜日、ニューヨーク株式市場でダウ30種平均の終値が前週末より22・６％も暴落した。世界同時株安の始まり「ブラックマ

創造性を追求する企業風土がにじみ出ている島精機製作所の本社ビル＝和歌山市坂田

ンデー」だ。島精機の海外売り上げも落ち始め、新工場は製品在庫の〝倉庫〟に変身した。正博は「あのままビルを建てておったら、建設のお金がいるのに輸出が厳しくなって大変やった」と知人の助言に感謝する。

1988（昭和63）年、ビル建設計画の仕切り直しに入った正博には追い風が吹いていた。県道沿いの本社敷地を幅1～1・5m、長さ431mにわたって提供し、側溝は暗渠にし電線も地中化して歩道整備したことが評価され、同年の「県ふるさと建築景観賞」に選ばれたのだ。

《新しい工場が近代的であり、自己敷地を歩道に提供し歩道に沿ってオープンスペース

を確保するとともに緑化を行っている点が評価された》（県のホームページから）

この受賞がどの程度、影響を与えたかは分からないが、新ビルには高さ45ｍまでの建設許可がおりた。通常の14階分に相当するが、天井を高くして創造性を育むようなビルにしたいと考えた正博は10階建ての設計図を作らせ、上場直前の１９９０（平成２）年秋に完成した。

１階入り口の吹き抜けホールにはイタリアのアパレル業界の仲介で購入した真っ赤なスポーツカー「フェラーリ」や彫刻、絵画を配置した。「フェラーリ」の醸し出す曲線美や造形美で社員の創造力・感性を育む狙いだ。ロダンの彫刻「考える人」は考える頭を、彫刻家ボッテーロの「ラージハンド」は行動する手を表している。行動し、試行錯誤する中でこそ、素晴らしいアイデアが生まれてくることを示そうとしている。エレベーターは和歌山市街地が一望できるガラス張り。最上階には顧客をもてなすとともに社員の感性を磨くためのイタリア風フランス料理レストラン。ビルの外壁はカナダ産の硬くて変色しない石。そして屋上には特設ヘリポートがある。

「会社の屋上にヘリコプターが降りることは地域社会の人たちがＯＫしない限りできな

い。島さんの人柄、地域に対する貢献、そういうことから降りれるわけやろ。和歌山の人は素直に『島精機さんが成長することがわれわれの成長にもつながる』という気持ちを持ってたんやと思うね。（レストランの）料理はおいしいし、ワインかて、ものすごい種類置いておられる。和歌山で獲れる最高の食材を使って料理を提供していくんだと。心こもってるよね。いっぺん来たら、また来たくなる」

関西ニュービジネス協議会の会長時代に、副会長だった正博と親交を深めた三洋電機元会長、井植敏の言葉に正博の人柄が凝縮されている。

正博はこの広大な本社内、工場を毎日、必ずひとまわり以上歩きまわる。そして、アイデアが浮かぶとすぐにメモや絵にできるように、行く先々にA４判の方眼紙とBの鉛筆、赤と青の色鉛筆が置いてある。

和島興産設立

島精機製作所の業績は順調に伸び、昭和の終わりごろには株式上場も視野に入ってきた。メーンバンクである三和銀行（現・三菱ＵＦＪ銀行）の幹部は正博に「税務対策上、上場する前に持ち株会社を作っておいたほうがいいから、先に法人登記だけでもしておいたらどうですか」とアドバイスを与えていた。

株式上場して多くの創業者が直面する難題のひとつに、巨額になる保有株式資産への課税対策がある。対策をきちんと講じておかないと後々に莫大な相続税や贈与税を支払うことになり、税金を払うために仕方なく株式を手放して現金化するような事態も生じてくる。正博は１９８７（昭和62）年11月、島精機製作所の持ち株管理と不動産賃貸、そしてファクトリー・ブティックを経営するための会社「和島興産」を設立し、妻・和代を社長に据えた。

「相続のことだけと違って、同じ（新会社設立という）ことするんなら、お母ちゃん（和代）にブティックもしてもらってね。ブティックに横編機の新型を出すたびに1号機を持っていって試してもらい、こういうところが使いにくいという悪い部分を改良してから他の顧客へ横編機を販売するようにした。だから、お母ちゃんには『うちにはすぐに悪いのばっかり持ってきて』ってよく怒られた。でも和島興産は少しでも地元の人の雇用の場になるし、島精機にもプラスになるような形にしようと思い、ブティックと不動産賃貸と株式の管理を始めたんです」と正博はいう。

和島興産はその後、市街地活性化のための都市計画にも注力するようになった。これは、正博が和歌山商工会議所の会頭職に就き、和歌山活性化の旗振り役を務めざるを得なかったことと大いに関係していた。和歌山市内で1世紀あまりにわたって営業を続けたが2001（平成13）年に倒産・廃業した老舗百貨店「丸正百貨店」の建物を買い取り、改装して2007（平成19）年以降、地上7階地下1階建ての複合商業施設「フォルテワジマ」として順次オープンさせたのは、その典型例だ。

「フォルテワジマ」については179頁で改めて詳しく触れるが、国、和歌山県、和歌山市から合計6億円の補助金が交付されたため、一部では正博らに対する誹謗中傷もあった。しかし、和歌山市中心街の空洞化に歯止めをかけ少しでも活性化させようと、採算割れも覚悟の出資事業であった。正博は商工会議所の会頭という立場上、街のど真ん中にある丸正百貨店跡を長期間、野ざらしにしておくわけにもいかなかったのだろう。誰も開発に手を出さないから、和島興産を使ってあえて火中の栗を拾った形であり、運営やテナント集めで相当額の持ち出しとなったのは間違いない。「フォルテワジマ」が中心街の集客にかなりの波及効果を与えたのはまぎれもない事実であり、「金持ちになぜ補助金をつけるのか」といった批判は公平なものではなかったと思う。

和島興産は現在も島精機製作所の発行株式の8・7%を握る、依然として筆頭株主ではあるものの、設立当初の主目的である持ち株管理会社という側面は薄れつつある。2008（平成20）年3月、フォルテワジマ近くに高級賃貸マンションと商業フロアからなる14階建ての「Wajima十番丁ビル」を竣工させたり、ブティックやゴルフ場の経営、冷凍パンの販売など、事業の幅を広げている。

株式上場

昭和天皇が体調を崩されていた1988（昭和63）年、正博はデザイナーの森英恵らとともに紫綬褒章を受章した。51歳での受章は当時、史上最年少だった。やがて昭和天皇は崩御され、1989（平成元）年を迎えた。この年は11月にベルリンの壁が崩壊し、翌月にはブッシュ米大統領とゴルバチョフ・ソ連共産党書記長が会談して冷戦の終結を宣言するなど世界的にも歴史の転換点となった。

日経平均株価はこの年の大納会で3万8915円87銭の最高値を付けた後、下がり始め、翌1990（平成2）年10月には一時2万円の大台を割り込んだ。首都圏では地価が上昇から下落へ転じ、バブル崩壊の予兆が見え隠れし出す。島精機製作所が大証2部に上場したのはそんな最中の1990年12月25日だった。

主幹事証券として仕切ったのは大阪・北浜の中堅だった和光証券（現・みずほ証券）で

ある。「本来なら4大証券会社のいずれかが主幹事を務めてしかるべき案件なので、『あれっ』と思った」と市場関係者は当時を振り返る。これにはもちろん経緯があった。

正博の経営の師である森林平は森精機製作所を一足早い1979（昭和54）年11月に大証2部へ上場させたが、このとき主幹事を務めた和光証券の会長は、正博、森と同じ和歌山県出身の児玉冨士男だった。児玉は川上村（現・日高川町）から裸一貫で証券会社がひしめく北浜に飛び込み、40年代に三光汽船の仕手戦で大成功を収めるなど〝相場師〟として名をとどろかせ、和光の社長、会長を歴任し、後には日本証券業協会大阪地区協会長や大証理事会議長などの公職も務めた。

正博は森から「株式会社は個人商店と違うからガラス張り経営で、いずれは上場せんといかん。会社は大きくなったら社会の公器やから」と早い段階で児玉を紹介されていた。手袋編機、横編機、そしてデザインシステムと経営の3本柱が整い、上場の準備に入ったまでは良かったが、上場審査中は産みの苦しみも経験する。

「会社から家へ帰るんでもね、この道を通ってこう帰りなさい、絶対飲みに行ったらいけません、繁華街行ったらいけませんとかね。自分で車運転やったらいけませんって、と

和歌山商工会議所会頭として和歌山県内の経済5団体トップによる新春鏡割りに参加する正博（右から3人目）。地元財界の首脳として地域の活性化にも奮闘努力を続けてきた＝2009年1月8日

にかく厳しい。何かに引っかけられたら株主さんに迷惑がかかるということでしょう」

研修センター南風荘で開業以来、ずっと原付バイクで通ってお運びさん（仲居）のパートタイムを続けていた妻・和代も「上場企業の社長夫人になるのだから」と周囲に諭されて仕事を辞めざるを得なかった。

しかし、その甲斐あって無事に上場。初値は当時としては最高値の1万2000円をつけ、研究開発にあり金すべてをつぎ込む〝発明貧乏〟を続けてきた正博は莫大な創業者利益を得ることになった。上場に伴う株式の市場放出で50億円近い利益が発生した正博は税金を払った後の1991（平成3）年、約30億円をかけて380坪の敷地に建て床面積260坪の邸宅の設計・建築にかかった。50㎝の厚さの大理石を使い、ホームシアターや茶室、地下にはワイン蔵も備えたお屋敷だったが、不測の事態に備えてまだ多少の現金は手元に残していた。

ちょうどその年4月、正博は顧客を接待するため開催したゴルフコンペの宴会の席で、島精機製作所の監査役を務めてもらっていた公認会計士から「学校法人明徳学園が京都市西京区に京都経済短期大学を新設しようとしているが、資金不足で計画が頓挫しそうだ」と相談を受けた。

この公認会計士は明徳学園の監査も担当していたが、数日以内に資金調達のめどがたたないと計画は白紙に戻ってしまうので困っているという。京都にも優良企業はたくさんあるが、今回は免税措置が適用されないので、寄付に応じてくれる企業が見つからないのだという。この学校法人が経営する明徳商業高校（現・京都明徳高校）はそろばん大会でしばしば「高校日本一」に輝き、〝そろばんの明徳〟として知られていた。また、学校法人は日蓮聖人の生誕700年を記念して日蓮宗の大本山・本圀寺《ほんこくじ》（京都市山科区）が設立したもので、信心深い教育で知られていた。子どものころ、そろばんが得意だった正博は

〝そろばんの明徳〟を救うため、和代にも相談せず手持ちの5億円を免税措置なしでポンと寄付し、懐は再びスッカラカンになった。

「お母ちゃん（和代）に相談したら、『5億円も』ってなるでしょ。100億円持ってて5億円やったらいいけれど、お金がもうなくなってきている中で5億円出したら、こっちが家から追い出されるかもしれない。そんな覚悟でした。お金を持ってたら（僕も）ハングリー精神がなくなって生ぬるくなってしまうから」（正博）

後日、寄付の相談を受けなかった和代からしっかりと絞りあげられたのはいうまでもないが、正博の寄付もあって京都経済短大は31億円の創設費で1993（平成5）年4月、めでたく開校にこぎつけた。そして財布が軽くなった正博は新たな気持ちで発明を続けて会社を成長させ、1996（平成8）年1月25日、ついに東証1部へ上場させた。会社設立から34年が過ぎていた。

2・5次産業

内閣総理大臣の諮問機関だった経済審議会は1990（平成2）年、20年後の日本のありようを検討する「2010年委員会」を開催した。産業経済小委員会の座長は当時、長銀総合研究所理事長を務めていたエコノミストの竹内宏が引き受け、学識経験者6人、企業経営者6人、ジャーナリスト6人からなるメンバーで半年間に10回程度の会合を開き、日本の将来像について意見をたたかわせた。成果は1991（平成3）年10月に経済企画庁（現・内閣府）総合計画局編として大蔵省（現・財務省）印刷局から『技術と産業の新たなる挑戦　人類への貢献と豊かさを求めて』の題名で出版されている。

20年後のことについて責任を持って話し合う会議だからということで、自動車メーカーの若い役員、リゾート施設や外資系企業の経営者など、いずれも50歳前後の、経営者としては若い人たちが集められた。そのメンバーのひとりとして、正博にも白羽の矢が立った。

柄の編成やサイズ変更、色の指定などが一台ですべておこなえるデザインシステム「SDS-ONE」とコンピューター横編機を組み合わせることで、正博は2・5次産業のモデルを作ろうとしている

それまでにも何度か顔合わせしていた竹内がモノづくり代表としてメンバーに招き入れたようである。ただ、時代はバブルの絶頂を迎えていた。銀行や証券、不動産、リゾート施設といった3次産業がもてはやされ、モノづくり企業の経営者の発言に耳を貸してくれるような人は少なかった。会議に出席した学識経験者たちにも、世の中の主流は3次産業であり、日本でモノを作らなくても、という感じがあった。

「銀行なんかもどんどんオンライン化していて、新卒採用で理系のいい学生をみんな採っていってしまうでしょ。モノづくりの会社にもいい学生が来てもらわないといかんのに、3次産業が全部採ってしまう。これでは日本がもぬけの殻になってしまう、と会議で一生懸命に主張してもね、『もうモノを作ってる時代と違いますよ』なんてみんなから反論され、座長の竹内さんが『島さん、忍耐だ』となだめてくれた」と正博は当時の雰囲気を顧みる。

正博は会議で、日本にはモノを作るだけの従来型の2次産業ではなく、ハードウエアとソフトウエアを組み合わせた新しい形のモノづくりが必要だと主張し、「2・5次産業」という言葉で概念を提案してみせた。

「日本はモノづくりを勤勉にやってきた結果、経済力がついて3次産業が栄えているが、経済成長率はやがて鈍化するし、3次産業だけで飯は食えない。ただ、これからモノづくりといっても完全な2次産業ではなしに、2・5次産業にしないといけない。買う方の立場を考えるならば、ハードとソフトをパックにして提供していくべきだ」

会議では案の定、「2・5次産業なんてもん、あるか」と多くのメンバーたちから批判され、正博の考え方は受け入れられなかった。霞が関の役人たちからも、うまみがあるのはソフトであり、それをハードとパックにして売るのは商売の素人だと揶揄《やゆ》された。しかし、顧客に喜んでもらうモノづくりが原点の正博は独自の発想で横編機とコンピューター、デザインシステムの融合を進め、自ら「2・5次産業」を具現化していく。

家族との絆

発明の虫だった正博は若い頃はがむしゃらに働き、家庭的には決していいお父さんとはいえなかったようだ。3人の娘と1人の息子の子ども4人に恵まれたが、帰宅はいつも子どもが寝静まった未明で、起床するのは子どもが登校した後。互いにほとんど顔を合わすことがなかった。小学校5年生のとき、担任の先生に「お父さんはどうしているの?」と聞かれた長男・三博はしばらく父親の顔を見ていなかったので「あれっ、そういえばお父さんはどうしているんだろう」と思ったという。「上の3人の子どもとはキャッチボールひとつ、したことがないし、遊んだこともない。食べて、寝て、会社へ行くだけの人で、家のことら、何もしてくれやん人やった」と妻・和代は愚痴を口にした。

長女・千景がまだ小さいとき、ベビーベッドの中で布団を蹴とばしているのに気づいた和代は直そうとしたが、ちょうど正博が帰宅したのでそのままどうするか見ていると、千景の方を見もせずにすぐ寝てしまう。子どもが夜泣きすると、「うるさい。賢い嫁さんは子どもを泣かさん」と和代をなじることもあった。

子ども時代の千景にとって正博は常に家にはいない人で、仮に家にいても応接間で発明をしているという印象しかない。ただ強烈に印象に残っているのは中学生のとき停電があり、ローソクを立てた薄暗い中で「紙と鉛筆を持ってこい」と正博にいわれ、掛け算の独特の計算方法を教わり、何でこんな暗い中で……と思ったという。三博が「会社は継がん」と正博に反発したときは、カッとなった正博が灰皿を投げ付けそうな雰囲気だったので、横にいた和代が灰皿をさっと隠したこともあった。

島精機製作所の慰安旅行に参加する正博（前列左）と長女・千景（前列右）、母・二三四（後列右）。仕事一筋の正博にとって慰安旅行は家族との貴重な触れ合いの場でもあった＝1967年4月4日、栃木・日光東照宮

「会社で嫌なことがあると、帰宅して大きく咳払いをしてからズボンのベルトを手で揺する癖があるんで、すぐに分かるんです。私は家で口論

になってミカンを投げ付けられたこともある」と暴露する和代。

　そんな仕事の虫の正博が大きく変わる出来事が１９９２（平成４）年にあった。株式上場益で建設を始めた邸宅がほぼ出来上がろうとしたころ、和代が乳がんと婦人科系の病気を患い、３カ月ほど入院することになったのだ。それまで家庭のことはすべて和代に任せて仕事一筋の正博だったが、「入院してから妻のありがたみが分かったようで、とても優しくなった」と和代も認めるほどに変わった。自宅でこっそり孫をあやす姿もたびたび目撃されるようになった。年齢を重ねるにつれて、家族に対しても丸みが出てきたようだった。

　和代が手術した後、体を洗ったりするのに難儀な状況になったこともあり、二人は70歳を超えてからも一緒にお風呂に入って背中を流しあうほど仲が良かった。「同居している家族が多いので、一緒にお風呂へ入らないと夜のテレビドラマの時間に間に合わないでしょ。主人（正博）はいい加減な体の洗い方をするから、洗い漏らしがないかチェックしないといけないし」と和代は照れ隠ししたが、それだけではなかっただろう。

　二人は２００９（平成21）年秋で結婚50周年、金婚式を迎えた。こんな姿が評価されたのか、その年に正博は日本メンズファッション協会が主催する「第3回ベスト・ファーザー賞in関西」をものづくり部門で受賞している。

ホールガーメント誕生

1990（平成2）年に株式上場を果たした正博は、コンピューターをもっと進化させてコンピューターと融合したモノづくりの必要性を強く意識していた。このころ日本の織維業界では、生産の場が人件費の安い香港や中国などへ移ってしまい、空洞化の危機が始まっていた。後に「ホールガーメント」と呼ばれるようになる無縫製ニットを編むためのコンピューター横編機の開発はそんな社会状況の中で加速していった。

「ホールガーメントは上場前から考えていたが、上場が大きな転機になった。ニットは（縫製などの後処理を）ミシンで縫うから労働集約型になってしまう。ミシンで縫わないようにして、デザインとプログラムにハイテクを活用したら労働集約型にならないわけやから。どの商品がどれだけ売れたかの情報に基づいて生産するとしたら消費国・消費地で生産するんが一番最適なんです」

正博はニットの地産地消を可能にするためには、無縫製でニットを編める横編機を開発して人件費のかかる縫製作業を省けばいいと発想した。後でパーツを縫製して形やサイズなどを調整する作業を省くわけだから、最初から身長や肩幅などに合わせて編んでいかねばならないが、これは1985（昭和60）年に開発した、糸を測長して1％以内の誤差で横編機に送り出せる装置「デジタル・ステッチ・コントロール・システム」ですでに道を開いていた。技術的には完全無縫製型のコンピューター横編機をいつでも開発できる段階にあった。あとは世界初となる横編機を発表するタイミングをいつごろにするかだけだった。

当初は1999（平成11）年にフランス・パリで開催予定のITMA'99で発表する心づもりをしていた。しかし、日本のニット製造会社は生産現場を国内から労働賃金の安いアジア諸国へ次々と移し、産業の空洞化が著しく、平成時代の初めには日本で出回るニット製品に占める輸入の割合が9割にも達していた。国内のニット関連団体から島精機製作所には「韓国、香港、台湾に横編機を売らないでほしい」という陳情書まで届いていた。労働集約型の産業から脱却して国内のニット工場を救うには一刻も早く完全無縫製型のコンピューター横編機を市場に投入する必要があると正博は感じ、4年前倒しして1995(平成7)

年にイタリア・ミラノで開かれたＩＴＭＡ'95で発表した。この横編機で製造する無縫製ニット製品は商標を「ホールガーメント」としたため、機械はホールガーメント横編機と呼ばれた。

「ホールガーメント」の名称はイギリス人からのアドバイスで決まった。当初は縫い目がない「シームレス」などの名称を考えていたが、「レス」は省くという意味で安っぽく受け取られると忠告され、代わりに提案されたのが「ホールガーメント」だったという。

糸をセットすると3次元の服の形に一気に編み上げていき、数十分で最終ニット製品を完成させてしまうホールガーメント横編機を一目見ようと、展示会場の島精機のブースは欧州のライバルメーカーの技術者たちでごった返し、「東洋のマジック」という感嘆の声が漏れた。従来にないコンセプトの機械は大きな衝撃を与えた。ホールガーメントは伸縮性に優れ、縫い代がないためゴワゴワせずソフトな着心地で、シルエットが美しく、軽いのである。そんな製品を数十分で編みあげる夢の横編機なのである。

ただ、この段階ではホールガーメント横編機には弱点があり、すぐに市場で定着するということにはならなかった。弱点は編み針にあり、ホールガーメント横編機が本格的に普及するには新しい編み針の完成を待つことになる。

編み針の革命

ホールガーメントは縫いしろがないので体にフィットして動きやすく、軽く仕上がり、作製段階で糸くずも発生しない。究極のニット製品といってもよいだろう。ただ、ホールガーメント横編機も19世紀半ばに英国人マシュー・タウンゼントが発明した「ラッチニードル」（ベラ針）を左右に2列並べて、交差させる格好で動かすため、編みの種類には大きな制約が生じていた。ラッチニードルは蝶つがいで固定したドアを開閉するようにラッチ（突起）を開閉することで、糸を針に引っ掛けるか引っ掛けないかを決めて柄の編成に対応するため、ラグラン袖など比較的単純な編成は編めても一流ブランドの斬新で複雑なデザインや柄になるとラッチ同士が引っかかったりして編み上げることは難しかった。

世界の一流アパレル会社やデザイナーは「もっといろんなものを作れないと。これでは使えない」とつれなく、ホールガーメント横編機を買ってくれなかった。正博とは当時で約40年の付き合いがあり、アパレル大手のワールドの社長も務めた畑崎広敏は2005（平成17）年7月12日付け読売新聞夕刊のインタビューの中で「ホールガーメントとはすごいことを考えると驚いたが、最初のころは品格に欠けるというか、高級品に使えなかった。島さんにはっきり言ったが、それで燃えたのか、改良を重ねてきた」とコメントしている。初期のホールガーメント横編機に対する一流アパレルメーカーの評価はおしなべて低く、正博は「無縫製はいいが、デザインに対応せないかん。針を変えないといかんな」と痛感した。機械を普及させるためには革命的な発想で新しい編み針を開発する必要があった。

1997（平成9）年3月に和歌山ターミナルホテル（現・ホテルグランヴィア和歌山）で開かれた県と県内7商工会議所の懇談会。知事の西口勇を囲み、正博も予算方針などの説明に真剣に耳を傾けているように見えた。「島くん、今日はえらい熱心にメモを取ってたなぁ」。会議が終わり、和歌山商工会議所会頭の小林謙三はこのとき副会頭だった正博に声をかけた。しかし、商工会議所の封筒の裏に書かれた〝メモ〟をのぞくと、それは会議の内容などではなくて編み針のイラストなどが描かれた設計図だった。

「発明をしてましてん。忘れんうちに描いとこうと思いまして。これは見る人が見たら何億円もの価値がありますよ」と悪びれることもなく説明する正博の姿に小林は苦笑するしかなかった。この設計図は半年後、ラッチニードル以来、150年ぶりとなる新しい編み針「スライドニードル」へと結実する。編機は16世紀に英国人ウィリアム・リーがひげ針による靴下編機を発明したことに始まり、19世紀にラッチニードルの登場で発達した。そして20世紀末にニットの後発地域だった日本でスライドニードルが誕生したのである。

16世紀に英国人ウィリアム・リーが発明したひげ針の横編機。横編機はその後、19世紀にラッチニードルの登場で発達し、20世紀末に正博がスライドニードルで進化させた

突起を開閉するのではなく、柔軟な2枚組のス

ライダー機構の片方を電車の窓ガラスのように上下に滑らせる構造の斬新な編み針を生み出したのは、ホールガーメント横編機の発表以降、2年間考え抜いた正博の執念だった。ラッチニードル搭載機では36通りしかできなかった編成の領域がスライドニードル搭載機では4倍の144通りへ広がり、部分的に1目を2目に分離するような特殊な編み方やパラシュートのようにフワッと広がったものなど、多様なデザインや編み方にも対応できるようになった。

モデルチェンジのたびに品質を向上させていくとともに、島精機はこういう柄もあんなデザインもできますよというふうに自社でデザインしてメーカーへ積極的に情報発信を行い始めたこともあり、スライドニードル搭載のホールガーメント横編機は一流アパレル会社へも普及しはじめた。ベネトン、ルイ・ヴィトン、プラダ、エルメス、グッチ、マックスマーラ、オンワード樫山、ワールド……。得意先リストに並ぶ世界に名だたるブランドがホールガーメント横編機の性能向上を物語っていた。

イベントも世界クラス

スライドニードルを搭載したホールガーメント横編機の発表で島精機製作所の評判はさらに高まり、1999（平成11）年にパリで開かれたITMA'99に合わせて同社が主催したパーティの招待客は世界中から2000人にも達した。このため、招待客が1カ所では入りきらなくなり、欧州の招待客はブローニュの森にある有名レストランで、日本からの招待客はエッフェル塔の展望台貸し切りでパーティを開いて接待するという型破りな企画を立てた。

エッフェル塔展望台の貸し切りは、島精機の海外代理店であるテロット社が数年前からパリ市長と交渉して実現した。1889年にパリで開かれた第4回万国博覧会のために建てられた塔の展望台は構造上、同時に滞在する人数を250人までに抑えないと床が抜け落ちる危険があるといい、人数制限をきちんと守るという誓約書を提出して特別に認められたものだった。

日本からの招待客は約1000人いたが、まず250人をエレベーターで展望台のパーティ会場へ上げて残りの人は、食事を終えて降りてきた人数だけ追加で会場へ上げるようにした。豪華な和食に舌鼓を打ち、優雅な生演奏を満喫した招待客が地上へ下りると、同数の新たな招待客を展望台の会場へ上げていった。会場の入口には、招待客の一人一人にワイングラスをかざしながら「ウィ」と挨拶する蝶ネクタイ姿の正博がいた。招待客の一人、スールス会長の石橋慶三は「パーティには蝶ネクタイがいるからというて、島君が僕のもパリで買うてくれて着けていったが、会場にはフォアグラやトロの握りなども並んでいて、フランスでここまでよくやったなと感動した」と話し、その驚きを鮮明に覚えている。

この3年後の2002（平成14）年、正博は島精機の創立40周年の際に今度は和歌山で、招待客の度肝を抜くイベントを行った。外国人モデルを用いた国際的なファッションショーとパーティを自前で開いたのだ。

その前年の9月11日にはニューヨークのワールドトレードセンターなどが破壊された米国同時多発テロ事件が発生し、スーパーモデルたちの出演料が数倍に急騰していたため、正博たちはイタリア・ミラノでファッションモデル募集の広告をうって大々的にオーディションを行い、250人ほどの中から25人を選んで現地で訓練して来日させた。プロのモデルを使うファッションショーは商標や肖像権の絡みがありプレス以外はカメラ撮影禁止だが、このショーは撮影が自由で招待客たちは大喜びした。招待客と島精機の社員合わせて2000人が収容できるようにと会場に借りた和歌山市のイベント施設ビッグホエールは火気厳禁だったので、青色LED（発光ダイオード）を活用した小型照明を同社レストランのシニアソムリエが開発して場内に設置し、1周300メートルの回廊にはホールガーメントのセーターやワンピースなどを着せたマネキン360体を並べ、招待客に自由に触らせた。

パーティ食材には社員が牧場へ出向いて血統書つきの但馬牛を20頭丸ごと購入し、高級部位でローストビーフを作った。マグロ解体のアトラクション用には5日前に200kg超のクロマグロ3匹を南紀勝浦から一本釣りで確保してもらった。フォアグラの間に白ネギを挟む寿司を会場で握るためには軍艦巻き用の握りロボットを改造した特製機械をメーカーに発注。エゾバフンウニは防腐剤処理せずに北海道・小樽から空輸させて空港から会場へ直送し、パリッとしたテープ状の海苔を巻いていく特製ロボットでウニ巻きにして提供した。

「日本でインターナショナルのファッションショーは初めてであると同時に質も高かっ

島精機製作所の創立45周年を記念しておこなわれたファッションショーでは、紀州の集成材で作ったキャットウオーク上を外国人モデルたちが闊歩した（同社提供）

た。社内には業者に丸投げしようという意見もあったが、『ショーもパーティもメーンは全部自分のところでせえ』と指示したんで、料理でも国内に類をみない新鮮なものばかりになった。マグロも肉も美味しかったし、みんな満足してくれた」

　型破りともいえるイベントは大きな成功を収め、同社に対する評価はさらに高まった。こだわりを持って徹底的に行うという正博の面目躍如である。ちなみに2007（平成19）年の創立45周年では、和歌山市の島精機本社敷地内に特設会場を設け、紀州の集成材でキャットウオーク（細長いステージ舞台）を作ってイタリアから19人のプロモデルを呼び寄せ、本格的なファッションショーとパーティを開いて再び話題を呼んだ。

宇宙でのお墨付き

国際宇宙ステーション（ＩＳＳ）は地球と宇宙の観測、宇宙環境を利用したいろいろな研究や実験を行うため、米国、ロシア、日本、カナダと欧州宇宙機関（ＥＳＡ）が協力して運用している巨大な有人施設で、地上から約４００㎞の宇宙空間を秒速約７・７㎞（時速約２万７７００㎞）で飛行し、地球を約90分で1周、１日に約16周している。このステーションの一部として設置された「きぼう」日本実験棟の中で２００８（平成20）年3月、日本人宇宙飛行士の土井隆雄がホールガーメントで編まれた船内着を試着した。この実験を行った研究グループ「近未来宇宙暮らしユニット」のリーダーで日本女子大学家政学部被服学科教授の多屋淑子は「体にストレスがない、シルエットが美しいなどの観点から無縫製がいいと思い、島精機さんにデザイン、色、形を伝えて、こういう服を作ってほしいと頼んだ」と話す。

宇宙空間での船内着を作るにあたってはいくつかの必須条件がある。繊維がほどけにくく、切り屑などの微塵が出ない。難燃性で火がついても有毒ガスが出ない。宇宙船内ではお風呂に入れないから、汗をよく吸う機能がある……。なるほど、無縫製なら切り屑は出ないし、ほどける心配も少ない。難燃性で汗をよく吸う素材を糸に使ってホールガーメント横編機で編みあげれば、宇宙生活に適した服を作れる可能性が高い。島精機製作所はアパレルメーカーなどと共同で運動用半袖Tシャツ、運動用ハーフパンツ、ポロシャツ（半袖、長袖）、靴下の5点を実験用に試作して提供した。

スペースシャトル「エンデバー」で地球に帰還した土井は研究グループに「とても着やすかった」と報告し、講演会でもスポーツウエアは汗の速乾性があり、ウエストの調子も良かったと話している。ホールガーメントは宇宙空間でも〝お墨付き〟を得た格好だ。

その2年後の２０１０（平成22）年4月、今度はスペースシャトル「ディスカバリー」に搭乗した宇宙飛行士の山崎直子が「きぼう」日本実験棟でホールガーメントの船内着を披露した。山崎は宇宙に滞在した15日間に何度もホールガーメントのカーディガンやポロシャツなどに袖を通したが、ＩＳＳに長期滞在していた野口聡一と日本人ツーショットで一緒に活動するという記念すべき場面では青いニットカーディガンを着用した。これは、

ＪＡＸＡ（宇宙航空研究開発機構）による一般公募の中から選定されたものの一つで、多くの知見を持つ多屋淑子や、山崎の友人でもあり「タエアシダ」ブランドを展開するファッションデザイナー・芦田多恵などによるチームが、ホールガーメント技術を使って作った、関係者の思いがこもった服だった。

この服には、素敵なエピソードがある。芦田はホールガーメントが登場した黎明期から使い始めたデザイナーのひとり。「まったく縫製がなく、輪っかで編んでいくのは衝撃でした。シルエットが本当にきれいなんです」とお気に入りだった。そんなある日、異業種交流の食事会で偶然、「ディスカバリー」に搭乗することが決まる以前の山崎と席が隣り合わせとなったのだ。意気投合した二人はその後も同じ食事会へ参加したり、芦田がＪＡＸＡの見学に行ったりして親交を深め、山崎は「将来、宇宙に行くことが正式に決まったら宇宙船内用の普段着を作ってね」と想いを伝えていた。やがて、正式に宇宙飛行士に選ばれた山崎はアメリカから芦田にメールで再度、想いを送り、これに応えて芦田、多屋のチームはブルーやピンクなど3着を作り、ＪＡＸＡに託したという。

しかし、宇宙船内に持ち込む物品は重量制限などもあり、何が採用されるのかは最後の最後までわからない仕組み。船内着の候補は他にもあったため、採用の連絡をもらえなかった芦田は半ば、あきらめていた。芦田が自ら手掛けた服の採用を知ったのは新聞各紙の夕刊1面記事でだった。カラー写真で躍動するカーディガン姿の山崎を見て、「びっくりしたけれど嬉しかった」。

その山崎は着用した船内着の着心地についてコロナ禍の中、書面で次のような感想を寄せてくれた。

「着心地はとてもよかったです。宇宙船の中は、電子機器がたくさんあることもあり、肌寒い温度に設定することが多く、カーディガンも重宝しました。宇宙船の中では上半身を使うことが多く、腕の稼働範囲も大きくなりますので、伸縮性や体へのフィット感はとても大切です。手首とウエスト部分も、隙間が空きすぎて浮かないようにフィット感を持たせたデザインだったため、動きやすかったです。また、繰り返し着用しても着心地が軽やかでした」

そして、これからの宇宙船内着については「将来、宇宙旅行者が増えていくことが予想されています。そうすると、機能性はもちろんのこと、個人のサイズや嗜好に柔軟にカスタマイズできることも求められてくるでしょう」と予想してくれた。

島精機の経営スタイルを研究対象にしたことがある京都大学経営管理大学院特命教授の曳野孝は、宇宙船内着の開発が直接、同社のマーケットシェアを高めることはないとしながらも、世間への認知度を高めることは戦略上、非常に大切だと指摘する。

「いま最終の顧客、いわゆる消費者が島精機さんの名前をご存じかといったら多分、ご存じない。『ホールガーメント』という言葉を聞いても、まあ、そういうのがあったかなっていう程度でしょう。そういう状況では、ニュースバリューがある中で名前が登場するっていうのは大事でしょうね。かつてミノルタのカメラをNASAが最初に宇宙ステーションに積み込んで地球を撮影したんですよね。あれでミノルタのアメリカでの認知度が急に高まったのと同じケースです。

無縫製で軽く、肌にフィットする特徴が評価され、宇宙船内着としてもホールガーメントが試着された

やっぱりきっかけがいる。技術水準が高いっていうことにプラスしてマーケットに対するアピール、特に最終消費者に対するアピールという点では（宇宙船内着の開発は）すごく有効でしょうね」（曳野）

宇宙船内着の知見は普段の生活でも活かせる部分がある、と山崎は着用した経験をもとに次のように語る。

「例えば入院中、災害で避難中など、着替えが頻繁にできない状況では、宇宙船の中の状況と共通する部分があります。抗菌、消臭、有害物質や糸くずを出さない、着心地がいいなど、宇宙船内着に求められる技術は、地上でも重宝すると思います」

京都大学経営管理大学院の研究プロジェクトとして、同社の経営課題を大学院生の立場から分析した西原重信は、ホールガーメントの市場がまだそんなに広がっていない理由を、アパレルメーカーやニット業者の先にいる最終顧客に認知されていないからだと指摘する。「最終顧客にどんどんアピールしないといけない。ホールガーメントが認知されることはアパレルなどにとってもプラス」だと話し、正博の考える最終顧客にアピールするビジネスモデルに注目する。

〝魅せる〟博物館

島精機製作所は和歌山市の複合商業施設「フォルテワジマ」3階に2008（平成20）年春開設した編機の博物館「ニットミュージアム」をリニューアルし、「フュージョンミュージアム」として翌年4月4日オープンさせた。フュージョンは英語で「融合」を意味する。編機ともう一つのテーマを融合させて来場者に見せる、いや、来場者を「魅せる」ことで、和歌山の中心市街地活性化に一役買おうという正博なりの狙いだった。

話は少し脱線するが、ここで「フォルテワジマ」誕生の経緯についても触れておこう。この場所はぶらくり丁商店街の入口にあたり、もともとは老舗百貨店「丸正」が建っていた。和歌山にとって丸正は東京でいえば日本橋三越本店、大阪でいえば阪急うめだ本店のような存在であり、昭和の時代には晴れの日に大食堂でお子さまランチをご馳走になった思い出を持つ和歌山県民も多いはずだ。しかし、ときは平成へと移りバブル経済が崩壊、高級品が売れなくなって丸正も業績不振に陥った。郊外のスーパーや量販店との競合に加えて、最後は近くにあった和歌山県立医科大学附属病院の郊外移転がダメを押す形となった。入院患者へのお見舞需要は想像以上に大きかったようで、丸正は２００１（平成13）年2月26日に和歌山地裁へ自己破産を申請して創業以来１００年を超える歴史に幕を下ろした。

跡地利用策として浮上した大学の設立構想や複合商業施設の開業などは次々と頓挫し、一等地の再利用は迷走を続けた。丸正廃業の年に地元活性化の旗振り役である和歌山商工会議所会頭に就任した正博としては頭の痛い課題だが、いつまでも放置しておくわけにはいかない。かといって、島精機は上場企業であり、リスクの高い投資をさせるわけにはいかない。考えた末に、もともと島家の資産管理会社として立ち上げ、不動産業なども手掛けていた和島興産をフル稼働させて試行錯誤の末に運営の基盤を作りあげたのが「フォルテワジマ」である。地元・和歌山のために、責任感の強い正博はあえて火中の栗を拾いにいった観がある。

「フュージョンミュージアム」の話に戻ろう。編機と融合させるために選んだ最初のテーマはおもちゃだった。博物館名を「フュージョンミュージアム　ニット×トーイ」とし、世界的なおもちゃコレクターの北原照久が提供する厳選したコレクション約1500点と編機の変遷がたどれる内容にした。

展示品の質は高く、もちろん目を引いたのだが、ひそかに子どもたちの注目を集めたのは自転車を漕ぐことで世界唯一のオリジナルマフラーやクッションカバー、コースター、手袋が編める体験コーナーの装置「あみ太くん」だった。見た目はいたってシンプルなのだが、島精機のデザインシステムとホールガーメント横編機を組み合わせた優れもので、ペダルを15分ほど踏み続ければ、あーら不思議、魔法のようにマフラーが編みあがるという仕組みだ。マフラーやクッションカバーは530円、コースター260円、手袋なら800円で製作体験できるのもうれしい。

正博はリニューアルオープン直後、専門紙「繊維ニュース」の取材にこう答えている。

「私は『愛・氣・創造』を座右の銘としています。仕事を愛し、家族や国、地球を愛する。やる気を出すことで元気になり、新しいことを創造する。そのためには子どものころから『何だろう』『なぜだろう』と疑問を持つことで創造性が育まれ、チャレンジが生まれると考えます。このミュージアムが子どもたちの『なぜ』のきっかけになると期待して

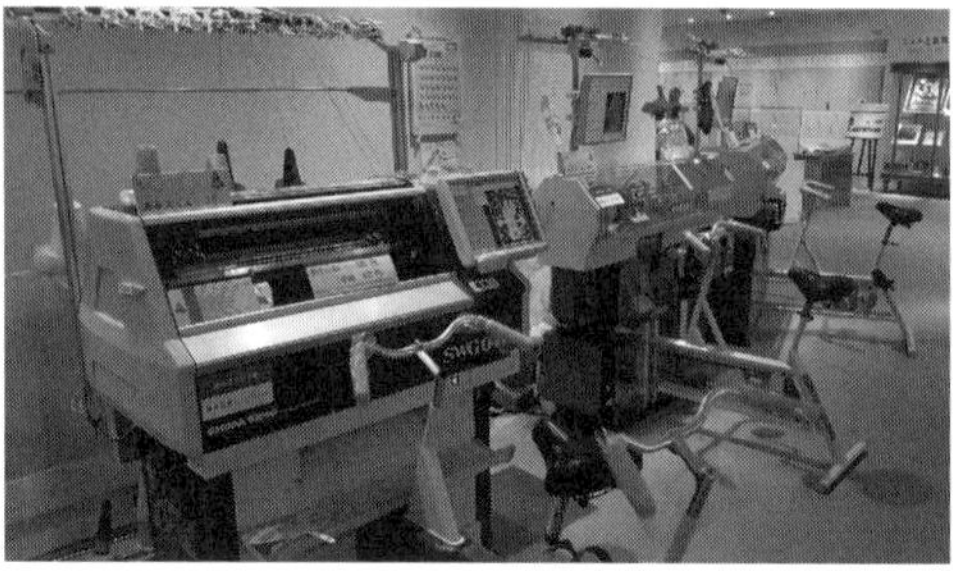
「フュージョンミュージアム」では、自転車を漕ぐとマフラーやコースター、手袋などが編みあがる不思議な横編機「あみ太くん」も体験できる＝和歌山市本町２丁目の「フォルテワジマ」３階

います」

このコメントを見て、正博がよく口にする子どもの時代の蒸気機関車のエピソードを思い浮かべた。常々、蒸気機関車はなぜ前へ進むのかを疑問に思っていた正博は当時の国鉄東和歌山駅（現・JR和歌山駅）構内の操車場へ出かけ、親切な駅員の計らいで機関車をじっと観察し、スケッチし、駅員に質問を重ねた。そして左右の動輪の主連棒（クランクピン）に90度のズレ（位相）があり、このズレがあるからこそ蒸気で往復運動するピストンの力が動輪の回転運動に変わり前進することを知ったという。童謡「汽車ポッポ」を多くの子ども、いや大人でさえも両手を同じようにグルグル回しながら歌うだろうが、正博は子どもながらに自らの観察からこの動きに疑問を抱き、左右の〝手の動き〟にはズレがないといけないという真理にたどり着いた。「フュージョンミュー

ジアム」には、ひとりでも多くの子どもたちにも「なぜだろう」という疑問からの気づきをさせてあげたいという〝発明家〟正博の親心がにじみ出ていると思わずにはいられない。

余談になるが、「フュージョンミュージアム」が入居する「フォルテワジマ」では2011（平成23）年1月、小惑星探査機「はやぶさ」の帰還カプセルが展示・特別公開され、わずか4日間で1万5000人以上が来場する賑わいをみせた。その流れでミュージアムにも多くの人たちが立ち寄ったという。その年の4月、ミュージアムは地元・和歌山のスポーツ文化・歴史を紹介する「スポーツ伝承館」と編機の歴史を紹介する「フュージョンミュージアム」の2部構成に変更されたが「あみ太くん」は健在で、いまも家族連れなどに利用され、子どもたちの知的好奇心をくすぐっている。

リーマンショックと超円高

2007(平成19年)年に起きた米国のサブプライムローン問題(住宅バブル崩壊)は影響を世界経済全体にじわじわと広げ、翌年9月には米国第4位の投資銀行であるリーマン・ブラザーズ・ホールディングスの経営破綻へと発展していった。負債総額が日本の国家予算の6割に相当する約6000億ドル(約64兆円)という、とてつもない規模の企業倒産劇であり、世界中の株価がいっせいに大暴落。日経平均株価も1万2000円台から1か月余りで7000円を割り込むまで下落してしまった。「100年に一度の危機」と喧伝されたリーマンショックの勃発である。欧州では各国の債務問題が浮き彫りとなり、ギリシャ経済危機などへと発展していく。

しかしモノづくりをおこなう日本の輸出型企業にとって、もっと深刻だったのは外国為替市場が超円高に振れていったことだろう。日本円の米ドルに対する為替相場は2007

（平成19）年の124円台から2011年に史上最高値の75円台を記録するまで、たったの4年しかかかっていない。その〝落ち方〟たるや遊園地のジェットコースターが乗客の絶叫とともに急降下していくさまを想像させる。もし為替の変動対策をしていない場合、それまで1ドルの商品を外国に売って124円入ってきた売上がわずか75円に減ってしまうわけだから、日本の輸出企業にしてみれば〝常時4割引き〟で外国に販売しているのと同じ状態である。日本企業の国際競争力は大きく削がれることになった。

ＯＥＣＤエコノミストなども務めた前参議院議員の金子洋一はこの円高について自身のブログで「その性格は各国の通貨に対して円だけが高くなるという『円の独歩高』でした。円高が輸出を阻み、倒産や、自国企業の生産拠点が海外に移転することにより、国内産業が衰退していく産業空洞化がおきました。当時、わが国では円安に誘導するために円を売ってドルを買う為替介入が行われましたが効果は薄く、特に自動車などの輸出産業を中心とした産業界は辛酸をなめました。この円高をなんとかしなければ、わが国からすべての工場が海外へ移転し、ものづくり産業がなくなってしまう、そう思ったのは私だけではないでしょう」と記している。

グループ全体の売上高に占める輸出の割合が約8割に達していた島精機製作所のダメージは特に甚大だった。急激に進んだ円高に加えて中国、香港市場などの設備投資が低迷した影響を深刻に受けてしまったからだ。２００９（平成21）年3月期の連結売上高は４８９億７０００万円、前年同期比29・9％の大幅減となり、経常利益は前年比74・８％減の48億１４００万円に沈んだ。「聖夜の奇跡」「オイルショック」に続く〝第3の危機〟であり、経営責任にも発展しかねない緊急事態だった。新しい発想で販売活動を強化していくことを迫られた正博は素早く動いた。難局に全社一丸となって立ち向かうべく、同年3月1日付で営業本部、開発本部、生産本部の3本部制を敷いて迅速な意思決定のできる経営体制とし、自ら営業本部長を兼務したのだ。

「船の船長は狭い海峡とか船の往来が多いところを通るとき、危険なときには舵を取らんといかん。会社もこんな不況で新しいことをするときには社長が舵を取らんといかん。オイルショックの後もいっとき、営業本部長をしたことがある。新しいものが生まれるときは営業の人間でも知識がないから、僕が行かないと上手く説明ができない」と正博は営業本部長を兼務した意義を当時、このように説明している。

これについて京都大学経営管理大学院特命教授の曳野孝は「島精機が技術中心の会社であることは間違いない。それが強みだし、それ故№1になった。問題は技術が一人歩きするんじゃなく、それを補完するものとしてマーケティング（販売）やファイナンス（財務）でどこまで長期的な成長をサポートしていけるか。島さんが営業本部のトップに就き、組織上はマーケット志向になったが（社員の）考え方が変わらないと成果は出ない」と話し、売れるものを作る発想（マーケットイン）と技術のバランスのお手本として最盛期のソニーとホンダを例に挙げてみせた。

正博は「開発の人は営業センスがない。営業の人は技術が理解できていない。両方をわかっている人はほとんどいない」とこぼすときがある。技術力と営業力がガッチリとかみ合い、景気や為替といった外的要因にも負けないような堅固なビジネスモデル確立に向けた正博の新たな挑戦が、リーマンショックを契機に始まったのである。

新しいビジネスモデル

「フュージョンミュージアム」が２００９（平成21）年4月4日に開館したことは１７９頁で触れたが、これと隣接する場所にもうひとつ、「オーダー・ニット・ファクトリー」と名付けられた衣料工房が同時に開業していたことはあまり知られていない。しかし、ここは正博が思い描くホールガーメントによる新しいビジネスの在り方を小売業者や消費者に直接、アピールする実験の場であり、島精機製作所にとって戦略的に非常に重要な空間なのだ。同社のＣＧ技術を駆使したデザインシステム「ＳＤＳ―ＯＮＥ　ＡＰＥＸ３」で体型やお気に入りの柄を入力して完成イメージを顧客に見せ、最新鋭のホールガーメント横編機「ＭＡＣＨ２（マッハツー）ＸＳ」を使って簡単な柄なら約25分、凝った柄でも40分ほどで編み上げてしまう、〝未来型ブティック〟である。

正博は「子どもが描いた絵のデザインがすぐ服にできるような、その場で編み立てる新しいビジネスモデルを作っていく。パン屋でも焼き立ては流行っているでしょ。無縫製なら肌にぴったりするしカッティングロス（裁断や縫製による素材の無駄）もない。製品を余分に仕入れて売れ残ることもない。和歌山でビジネスモデルを作れたら世界中どこでも通用する」とその意義を語る。

「オーダー・ニット・ファクトリー」開業から半年がたった2009（平成21）年10月には新しいビジネスモデルの〝実証実験〟をさらに一歩進め、都心のターミナルにある一流百貨店という、〝ほんもの〟に肥えた目を持つ顧客がたくさん集まる場所へと進出した。まずは高島屋横浜店で2週間、続いて日本橋高島屋で2週間、特設売り場にカシミヤやシルクなどを使ったカーディガン、ジャケット、コート、スカートなど30型を展示。それぞれ19色から選んでもらい、採寸してデザインシステムに入力して完成イメージを顧客に画面で確認してもらう。データは和歌山の「オーダー・ニット・ファクトリー」へ転送してホールガーメント横編機で編み立て、2週間後に製品として顧客へ届ける仕組みだ。

翌年2月末からは大阪の阪急うめだ本店のイベントスペースでも同様の期間限定ショップを開き、春夏物を展開した。同店は西日本で最大規模のLサイズ婦人服売り場を持ち、

Lサイズ以上のマーケットを拡大しようとしていた時期。サイズを自由自在に変更して編み上げられるホールガーメントで規格外の大き目サイズを求める顧客の心をつかめるのではないかという期待があった。しかし、結果は惨憺たるもので企画倒れに終わった。斬新すぎて時代がまだ追いついていなかったのだ。

「継ぎ目がないので着用ストレスがない点はいいなと思いました。しかし値段はけっして安くはないし、製品をお渡しするまでに2週間はかかる。好きな色・デザインにできるとして、そもそも太っている人が体にぴったりフィットする服を着たいと思うかどうか……。他にも服の選択肢がたくさんある中でニットのドレスにはあの頃、そこまでのニーズがなかったのかもしれません」

当時、同店でLサイズ以上の婦人服バイヤーを務めていた南野哲哉は期間限定ショップの企画が成功しなかった原因を振り返る。結局、阪急百貨店では常設の売り場に昇格するまでには至らなかったが、改めて確認できた〝ホールガーメントの強み〟は少なくなかったという。

「アパレルというのは季節性やファッション性が求められ、当てもの・博打の要素が高いにもかかわらず、1年前から原料を決めて半年前には型紙を作り縫製していかなければ間に合いません。在庫を抱え、廃棄も多くなりますがホールガーメントなら無駄なくクイックに作れます。それにカットソーでは出せないニットの上品さ、目地・表情というのは取って代えられません。特にLサイズ以上は企画代・コストがかかり、供給する業者が減っていくのでこれからは逆に可能性のあるマーケットだと思います」

ホールガーメント横編機とデザインシステムを使えば、猫の写真も簡単に編み物アートに仕上げることができる＝「フォルテワジマ」1階のオーダー・ニット・ファクトリー

平成から令和へと時代が変わり新型コロナウイルスの感染が世界中に拡大し、暮らしの在り方さえも覆ってしまいそうな未知の時代がやってきた。正博が目指す新しいビジネスモデルはどうなっていくのか。その方向性を占うために、出発点となった「オーダー・ニット・ファクトリー」に話を戻そう。

この工房は展示内容や企画を工夫しながら少しずつ変貌を遂げ、2020（令和2）年3月には場所を複合商業施設「フォルテワジマ」の3階から、さらに人通りが多くて目立つ1階へ移転した。お洒落な空間にはホールガーメントのニットドレスや鞄などが陳列され、工房の真ん中ではホールガーメント横編機「MACH2XS103」が小気味よい音をたてながらニット製品を編みたてている。

「あれっ?」と目を引くのは入り口のイーゼルに立てかけられた猫の写真や、壁に吊るされた葛飾北斎の浮世絵『富嶽三十六景』のひとつである「神奈川沖浪裏」のレプリカなどだ。よくみるとプリント生地ではなく〝編み物〟である。好みの写真データを工房に持ち込めば、ホールガーメント横編機で編んだ世界でただ一つの「ニッティングアート」に仕上げてくれる。こんな商売も簡単に成り立ってしまうのだ。

ホールガーメントは1995（平成7）年の初登場以降も日進月歩で進化を続けてきた。1号機は単純なニット製品しか作れなかったが、編み目を押さえる可動式シンカーを搭載することで複雑な編み方が容易となり島精機のデータベースには50万通り以上の編み方が存在する。それを元に高級ブランドメーカーは工夫を重ねてさらに複雑な独自の編み方を開発しているのだという。ファッションの作り手であるデザイナーの意識・感性をも刺激しているのだ。宇宙船内着を提供したデザイナーの芦田多恵はホールガーメントに無限の可能性を感じている一人だ。

「今までのニットの発想とはまったく違う、ファッション業界の最大の発明ではないかと思っています。デザインをする立場では、こういうデザインを完成させるためにはどういうテクニックがあって、という感じで挑戦をするんですが、縫製ではできなかったことがホールガーメントだとできてしまう。答えがみつからないぐらいにいろいろなデザインの可能性があり、挑戦ができると感じています」

ホールガーメントは人の創造意欲をかきたてる仕組みでもあるようだ。

オンデマンドによる量産

この数年、米国のファストファッション大手「フォーエバー21」が経営破綻し、「ザラ(ZARA)」の親会社やH&Mグループが次々と実店舗を閉鎖・縮小してデジタル事業へのシフトを発表するなど、大量生産をおこなうアパレルメーカーのビジネスモデルは曲り角を迎えている。売れ残った高級ブランドの新古服を買い取り、タグを付け替えて廉価販売するという、新手の在庫一掃ビジネスも流行っているという。新型コロナウイルスの感染拡大は旧態依然としたアパレル産業のビジネス形態を大きく変えていくきっかけになるかもしれない。

大量生産・大量販売の対極にあるオーダーメイドのビジネスモデルは〝オンデマンド型〟と言い換えることができる。オンデマンドとは、利用者の注文に応じて商品やサービスを提供すること。ファッションを住宅に例えるなら、ファストファッションが「建売住宅やマンション」であるなら、オンデマンド型のオーダースーツはさしずめ「注文建築」という感じだろうか。メーカーが流行や需要を予測してあらかじめ作った服をお客様に選んでもらうのではなく、オンデマンドでは多様なサンプルの中からお客様個々の要望を聞き入れ、メーカーが服を作っていく。サイズ、色、柄、編み方、糸の種類を聞いて組み合わせていけば、そのお客様だけのオンリーワンの服を生み出せるようになる。

ホールガーメントを活用すれば在庫を持つ必要がないため廃棄ロスがない。さらに顧客満足度の高いオーダーメイド製品を短い時間で提供できる。例えば畳1畳分ほどのサイズのホールガーメント横編機「ＭＡＣＨ２ＸＳ１０３」を店舗内に置けば、ズボンの裾上げをするような手軽さでその場で編んで数十分後には商品を手渡すことも可能だ。

「親子でサイズ違いや色違いのペアルックだって、その日のうちに出来上がりますよ」と正博は常々、口にする。

では、お客様の注文を聞いてから作る〝オンデマンド〟と、たくさんの注文をさばく〝量産〟という、相反するような概念は両立できるのだろうか。２０１８（平成30）年7月、ユニクロを展開するファーストリテイリングと戦略的パートナーシップを強化すると発表した際、島精機製作所社長のバトンを正博から受け取っていた長男、三博は「オンデマンドの量産システムも視野に入る」という主旨の重要発言をした、と報道されている。三博は筆者とのインタビューで、そういう発言をしたかどうかは記憶にないが、最終目標は間違いなくそこにあると答えた。

「アパレルに限らず大量にものを作って安くするという手段は、本当に売り切ってしまえるかどうか、わからない世界です。しかし完全に1着だけのオーダーメイドだと非常に高いものにつく。だからそこの中間を狙っていかないと。オーダーメイドする富裕層はそれでいいんですけど、究極は短いリードタイムで適正量を生産する、というところにみそがある。アパレル製品は糸のところから数えていくと1年以上かかり、消費者側から見たらオンデマンドにならない。それを究極のクイックレスポンスにしていく。それをするための、ホールガーメントというのはひとつのツールです」

島精機とファーストリテイリングの結びつきは2016（平成28）年10月、島精機の100％子会社イノベーションファクトリーに出資して合弁化し、ホールガーメントを活用して「3D　KNIT」（以下、「3D　ニット」）の開発を始めたことに端を発する。イノベーションファクトリーはこの新商品のモデル工場であり、蓄積した情報をベトナムや中国などの生産拠点へ移転していった。立体的なシルエットや美しいドレープ、肌にやさしく馴染むフィット感を備えた商品が次々と開発された。そして量産体制を整えたユニクロは２０１８（平成30）年9月、満を持して店舗とオンラインストアで「３Ｄ　ニット」の販売を始めた。ハイネックセーターが４０００円弱、ワンピースが６０００円弱という手ごろな価格だったこともあり、「３Ｄ　ニット」はたちまちヒット商品となった。

同年9月にパリでニット展覧会を開いたファーストリテイリング会長兼社長の柳井正は記者会見で「工場から個々のお客様に届ける注文生産の時代がやってくる。ホールガーメントはその最適手段であり、新しい時代に向けて島精機さんと一緒に取り組んで行きたい」と語ったという。ファーストリテイリングは企画・計画↓生産↓物流↓販売というサプライチェーンの改革に取り組んでおり、生産の部分で島精機とパートナーシップを結ぶことでお客様の要望に適した商品を作り、リードタイムを短縮し、無駄な在庫をなくそうと考えている。これは三博の〝オンデマンドの量産〟発言と連動するものであり、今後のアパレル産業の方向性を示唆している。

「ユニクロさんがやろうとしているのは東京・有明の本社で企画して、東京の旗艦店に、東京の工場で作ったものを投入すること。コンピューターでつないで、その日その日の売り上げをみて足らない分を追加していく。それだと本当に捨てるものがありませんし、売れ残るものもないですし、セールする必要もなくなる。非常に健全な業界になります」と三博はいう。

助け合いの精神

日本漢字能力検定協会が発表し、清水寺の森清範貫主が揮毫した2011（平成23）年の漢字は「絆《きずな》」。東日本大震災や台風、豪雨、海外でもニュージーランドの地震、タイの洪水といった大規模災害が続き、家族や友人などとの絆を強く感じる場面が多い1年だった。また、FIFA女子ワールドカップサッカーで日本代表（なでしこジャパン）がチームワークを大事にして優勝した年でもあり、〝絆〟という字はこのころの世相を象徴している。

島精機製作所の社員たちも災害対応に奔走し、絆を強く感じた年だった。東日本大震災では、国内営業部の社員が被災した取引先の安否確認をおこないながら飲料水などを配って回り、福島県相馬市などの自治体にはイタリアのベネトン社や香港のウィン・タイ・ニッティング・インダストリアル社など海外の取引先から寄せられた義援金やニット製品を届けた。
東日本大震災では津波で被害が大きくなってしまったが、島精機のお膝元である紀州の人たちは津波に対して特別な意識を持っている。津波への注意を促す「稲むらの火」の逸話があるからだ。
《江戸時代末期に現在の千葉県・銚子でヤマサ醤油本家の養子となり事業を継いだ濱口梧陵は1854（安政元）年、休暇を取って出身地の紀州・広村（現・広川町）へ里帰りしていた。このとき東海道沖を震源とする安政東海地震（マグニチュード8・4規模）が、その32時間後には南海道沖を震源とする安政南海地震（マグニチュード8・4規模）が立て続けに発生。大地震の後には巨大な津波が来ることを知っていた梧陵は山の中腹までの道筋で稲束を積み重ねて作った稲むらに火をつけて回り、火を目印にして村人を避難させた。最後の村人が避難を終えた直後、津波が村を飲み込んだ。梧陵は壊滅した故郷を復興するため被災者用の小屋を作り、農機具や漁業道具などを提供。さらに再度の津波に備えて長さ600m、高さ5mの防波堤を築き、後の津波被害を最小限に抑えた》
政府の地震調査研究推進本部によると、日本列島に位置する大陸のプレートの下に、フィリピン海プレートが年間数㎝の割合で沈み込んでいる場所「南海トラフ」では100～200年間隔で蓄積されたひずみを解放する大地震が起きており、今後30年以内にマグニチュード8～9クラスの大地震が70～80％の確率で発生すると警告している。島精機にとって大地震・巨大津波は他人事ではなく、いつ遭遇してもおかしくない〝自分事〟であり、東北の被災者の姿は未来の自分たちとダブって見えたかもしれない。

東日本大震災は現代人の〝想定〟をあざ笑うかのように圧倒的なエネルギーで襲い掛かり、原子力発電所の事故や操業停止、電力不足という事態も引き起こした。夏場の節電に協力するため、同社では事務所で点灯させる照明を間引き、空調温度の管理を徹底し、パソコンの液晶画面の輝度を下げ、トイレの便座ヒーターや正面玄関前の噴水を止めるなど、考えうる対策はすべておこなった。

2011（平成23）年7月の社内報では、生産技術部長だった田上知之は会社や自宅での細かな節電方法を記したうえで、「節電は『我慢』かもしれませんが、体調を崩したり不快に感じないギリギリのところを探りながら、この夏を乗り切りましょう。そして節電は、今夏だけではなく永久に続けてください。続けることが何事においても重要です。これからは、節電が当たり前の世の中になってくるのではないでしょうか」と締めくくっている。

暑さも峠を越えた9月上旬、紀伊半島は大型で強い台風12号の豪雨に見舞われた。台風がたどったコース自体は3日午前、高知県に上陸後、岡山県に再上陸して山陰沖へ抜けるもので紀伊半島は直撃を免れたものの、動きが遅かったため長時間にわたり非常に湿った空気が流れ込み記録的な降水量となった。和歌山県新宮市では1時間雨量が132・5㎜に達し、紀伊半島の一部地域では解析の総雨量が2000㎜を超えた。熊野川や左会津川、那智川などが氾濫し、和歌山県内では死者56人、行方不明者5人、家屋全壊240戸、半壊1753戸、床上浸水2706戸という甚大な被害を被った。

正博はこの台風が来襲する直前、スペイン・バルセロナで開かれるITMA2011に参加するため関西国際空港を飛行機で出発しており、台風被害の詳しい状況は9月下旬に帰国するまで知らなかった。大好きな故郷が大変な事態に陥っていることに心を痛めた正博は妻・和代と連名ですぐに和歌山県へ1000万円を寄付。島精機からも義援金として2000万円を寄託した。「東日本大震災があり、次は東南海・南海地震かと思っていたが自然の力は本当に恐ろしい」――正博はこのように語って和歌山県の仁坂吉伸知事に目録を渡したという。

また島精機と関連会社の社員たち約100人は新宮市内で被災した住民の生活再建を助けるボランティア活動にも参加した。汗だくになりながら民家の中に流れ込んだ泥を掻き出し、タンスなどの重い家具をてきぱきと運び、床や壁を雑巾がけする姿は住民たちを勇気づけ、地域を再生させる力を与えた。

創立50周年

　東京スカイツリーが開業した２０１２（平成24）年、島精機製作所は創立50周年を迎えた。２月３日にはホールガーメント専用工場となるＦＡ３号棟の運用が始まり、翌日の創立記念日にはそれぞれの道筋を究めた社員を表彰する名人賞の授与式がおこなわれた。４月には南海電鉄の南海本線に46年ぶりの新駅「和歌山大学前駅」が開業。そして師走には政権与党だった民主党が総選挙で大敗、自民党・公明党の連立政権が復活して第２次安倍内閣が登場し、アベノミクスが始まるというあわただしい年になった。

　正博は９月10日、米国マサチューセッツ州ローウェル市にある米国繊維歴史博物館で殿堂入りの式典に臨んでいた。同館はスミソニアン博物館の傘下にあり、世界最大級の繊維関係の博物館だった（財政難などで２０１６年に閉鎖されている）。殿堂制度は２００１年に制定され、米国繊維産業の発展、米国の生活向上に特に顕著な貢献が認められた個人、企業を顕彰するもので、デュポン社など著名な企業・企業人が毎年3~5社殿堂入りしていたが、米国人以外では正博が初の快挙だった。たくさんの開発実績を通じて多くの米国人が島精機の横編機で作られた衣服を身につけ、恩恵に浴していることが高く評価されたもので、正博にまたひとつ名誉が加わった。

創立50周年記念イベントは11月8日から3日間、和歌山ビッグホエールを舞台におこなわれ、取引先など1400人、関連会社を含む社員・OB1350人が集まった。イタリアから来日したファッションモデルたちがホールガーメントのドレスを着飾って花道を歩き、贅を尽くした食事が参加者に振る舞われた。挨拶に立った正博は半世紀の道のりを振り返り、感無量だった。

「50年前に手袋編機の全自動化を目指して進んだわけですが、その後、横編機の分野に進み、ない物を創り出そうと50年の歩みを重ねてきました。現在ではコンピューターグラフィックス、そして無縫製の編機までたどり着きましたが、50年を節目として次の50年に向けてＥｖｅｒ Ｏｎｗａｒｄ（限りなき前進）の精神で業界の発展のため、また地元の発展のために頑張ってまいりたいと思います」

創立当時、2000万円ほどだった年間売り上げ高は半世紀で3千倍の600億円程度にまで伸び、コンピューター制御横編機では世界シェアの60%を超えるまでになった。16歳の時に「36歳で死ぬかもしれない」といわれてから生きる速度を2倍、いや5倍にしようと心に決めてがむしゃらに走り続けた正博にとってはあっという間の半世紀だったに違いない。

50周年記念のもうひとつの目玉は社史編纂事業だった。社史の発刊は初めての挑戦であり、すべてが手探り状態だった。前年5月に事業を立ち上げ、制作にあたっては外部のプロ編纂者に委託するのではなく社員自らで会社の歴史を知り、自分たちの言葉で社史を作ろうという方針を立てて各部からスタッフを選んだ。編纂の柱には世界初の開発を積み重ねてきた会社の歴史をたどることを据えた。

創立して間もないころのエピソードは資料が残っていないためOBや古参社員たちから聞き取りをおこない、会社に残っている社内報や記録類、写真類も重ね合わせながら創立から半世紀の歳月の流れを埋めていく作業が続いた。編纂作業に選ばれたスタッフは忙しい日常業務の合間を縫うように時間を見つけ出し、戸惑いながらもEver Onwar d（限りなき前進）の精神で1ページずつ前へ進んでいった。

街中に華やかなクリスマスイルミネーションが輝きだしたころ、A4判180ページ・オールカラーの立派な「島精機50年史」が完成した。動きのある写真を多用し、要所に年表やコラムを散りばめた、記念誌にふさわしい会心の出来栄えだった。

産学共同

創立50周年に当たる2012（平成24）年、島精機製作所はもうひとつの目玉事業を始めた。9月に米国ペンシルベニア州フィラデルフィアにある総合私立大学・ドレクセル大学と連携し、ホールガーメントの技術力を衣料だけでなく医学・工学分野などでも積極的に活用するため、学問分野の垣根を越えて学際的に研究する施設「Shima Seiki Haute Technology Labolatory」（シマセイキ先端技術研究所、通称・Shima Labo）を大学内に設立した。研究所には同社のデザインシステム「SDS―ONE APEX3」を16台、ホールガーメント横編機を4台導入し、学内にあるさまざまな学部・学科が共同で高機能衣料や生産方法などの研究を始めた。

研究のいくつかを紹介すると―。

妊婦のための〝スマート腹帯〟がある。同大学では蓄電機能をもった糸の開発に成功しており、この糸を使えばセンサーや機器の操作、データ通信に必要な電池がいらない腹帯やサポーターも作り出せるという。この導電性のある糸と無線自動識別タグをホールガーメント横編機で妊婦帯に編み上げているため、妊婦がこれを着用すると子宮収縮の強度、胎児の心拍数などがリアルタイムで測定できるようになる。このデータを自宅から転送すれば、妊婦は検診のためにわざわざ医療機関へ足を運んでさまざまな医療器具を長時間身に着けなくても済み、体の負担を大きく減らすことができる。特に妊娠22週から出生後7日未満までの「周産期」と呼ばれる期間は母体・胎児や新生児の命に関わる事態が発生する可能性が高く、変化や異常をいち早くつかむことが大切で、スマート腹帯への期待は大きい。

ニットを着た人型ロボット——という研究もある。触覚センサーを混ぜ込んだ導電性のある糸で編み上げたニットを〝人工皮膚〟としてロボットの全身にかぶせ、人が触れるとロボットが感知して反応する仕組みだ。

介護の現場で威力を発揮しそうなのが、人の手や指の力を補助する「Ｅｘｏ—ｓｋｉｎ」と呼ばれる補助手袋だ。人の手の微妙な動きに対応できるようにするためには強度の異なる糸を組み合わせて編むことが必要で、精密なプログラム通りに編み上げることができるホールガーメント技術は欠かせない。

産業用の新素材にホールガーメントの技術を活用しようという動きもある。鉄に代わる新素材として注目されているもののひとつに「セルロースナノファイバー」(CNF)がある。CNFは木や草、野菜などの細胞壁に由来するセルロースからなる繊維状物質で、直径が数~数十ナノメートル(メートルの10億分の1)という電子顕微鏡でしか見えない細いものだが、これを薄いシート状に加工すると透明で鉄よりも強く柔軟性があるフィルムになる。樹脂に混ぜると強度を保ちながら軽量化できるため、自動車・航空機産業などがボディ素材として研究を進めているものだ。このCNFの素材を、ホールガーメントで3次元に編み上げたものにコーティングすればどんなことが起こり得るのか。

まだ可能性の段階のようだが、薄くて軽量だが鋼鉄やアルミニウムよりも硬い自動車のボディ、建築素材をホールガーメント横編機で生産する時代が来るかもしれない。〝繊維状物質〟なら廃棄して土壌へ戻すこともできるはずだ。自動車の車体工場に並んでいるのはプレス機ではなく、ホールガーメント横編機……という風景はパロディのようで、ちょっと想像しにくいのだが……。

余談になるが、正博はこの研究所を設置し、「革新的なホールガーメント技術と、世界に類を見ないニット技術の事業化に成功し、新しいビジネスモデルを確立した」ことを高く評価されて2年後、同大学から名誉経営学博士号を授与されている。

心に空いた穴

2013（平成25）年は大気中に浮遊する微小粒子状物質「PM2・5」の環境汚染に対する政府の専門家会合が初めて開かれるなどの話題で始まった。中国の石炭火力発電所から出る排ガスや自動車の排ガスなどに含まれる硫黄酸化物が偏西風に乗って日本へ飛来したとみられ、福岡市などの観測所では通常の3倍の数値が出るなど、西日本各地で高い値が記録された。「PM2・5」を吸い込むとぜんそくや気管支炎、肺がんなどのリスクが高まるとされ、人々に健康への不安が広まっていた。

この不吉なニュースが伏線であったかのように、春先になって正博の愛妻・和代が膝の感染症を悪化させて入院することになった。それでも家族はすぐ元気に帰ってくるものと考えていた。

「膝が痛いので手術に行ってくる」

和代が気の置けない友人たちと交わしたあいさつにも悲壮感はなかった。前年ごろからときどき体調を崩して寝付くことがあった和代だが、今回も疲労がたまっているからだろうと周囲の人たちも軽い気持ちで見送った。

しかし入院してからの和代は容態がよくなるどころか、どんどん悪化していった。そして5月6日の朝、正博や子どもたちに見守られながら75年の激動の生涯を閉じた。あまりに突然の知らせを聞いた親友は「なんで和代さんを死なせたの。訴えてやる」と取り乱し、正博が「そんなことせんといて」となだめるのに苦労したという。それほどまでに想定外の展開だった。

正博だけでなく和代とも親交の深かった和歌山県知事の仁坂吉伸は、海外出張のため関西国際空港へ向かう車中で訃報に接した。入院していることは気になりつつも、「感染症なのでばい菌が入らないように面会はご遠慮いただいていますが元気でご心配には及びません」と人づてに聞いていただけに、まさかの事態だった。「私は言葉を失いました」と自らのホームページに綴っている。

吹上ホールで執り行われた和代の密葬には数百人が駆け付け、密葬という言葉に似つかわしくないほどの規模に膨れ上がった。通夜ではしめやかな静けさに包まれた建物内に、和歌山市出身で後に東京芸術大学学長を務めることになる澤和樹の切ないヴァイオリンの音色が、参列者の沈痛な想いを代弁するかのように悲しく響き渡った。澤は和代の孫にヴァイオリンを教えていた縁があった。

密葬から1カ月後の6月5日、ビッグホエールで開かれた島精機製作所と和島興産の合同社葬では約3000人が和代に別れを告げた。葬儀委員長を務める紀陽銀行の片山博臣頭取らの代表焼香に続いて弔辞を読み上げた県知事の仁坂は「75歳というあまりにも早すぎるお別れに、運命の厳しさを嘆かずにはおられず、今、このように惜別の辞を申さねばならないのは、本当に残念なことであります」と切り出し、次のように述べた。少し長いが、和代の人柄・業績が端的に言い表わされていると思うので抜粋して掲載する。

《あなたは、和歌山が世界に誇る企業「株式会社島精機製作所」の創業者　島正博代表取締役社長を支え続けた妻であり、4人のお子さんと6人のお孫さんの成長を温かく見守り続けた母であり、そして卓越した先見性と強力なリーダーシップを兼ね備えた優れた企業経営者でありました。明朗闊達で誰からも愛される人柄で各界から広く信望を集められるとともに、社会公共に奉仕する念厚く、地域の発展に情熱を注がれ、地域活性化に大きく貢献する類い希なる人徳者でもありました。

昭和12年9月15日に、あなたは、この世に生を受けられました。昭和31年に和歌山県立那賀高等学校をご卒業後、姉上様のような美容師を目指す中で、島正博さんとの運命的な出会いをなされました。

昭和34年に島正博さんとご成婚されて以来、仕事一筋の若かりしご夫君をしっかりと支えられ、お二人で会社の危急存亡の秋《とき》を何度も切り抜けられたと伺っております。

夏場はうだるような暑さの中での作業に疲れた社員の皆さんのために、幼いお嬢さんを背負いながら、費用を抑えつつもボリュームのある昼食を作ることに粉骨砕身され、社員の皆さんからは、もう一人のお母さんとしてたいへん慕われていました。社長が機械の開発にのみ没頭する中で、家計のやりくりは、決して楽なものではありませんでした。着付けの助手や内職などをしながら懸命に家族を養い、献身的に、時には叱咤激励しながら社長を支えてこられました。

大変なご苦労の中、あなたは前向きな姿勢と持ち前の明るさ、周囲に感謝する心があっ

正博の右隣でほほ笑む在りし日の和代。"糟糠の妻"であった＝2009 年

たからこそ、社長が編機の開発に没頭し、会社の経営を軌道に乗せることができ、世界の企業家　島正博さんと世界に冠たる「株式会社島精機製作所」の今があるのだと感じます。

妻として母として歩んでこられたあなたが、企業経営者として、新たな第一歩を踏み出されたのは昭和62年のことでした。和島興産株式会社の代表取締役社長に就任され、島精機製作所が開発したオンリーワン技術である「ホールガーメント横編機」をはじめ、独自の技術を最大限に活かしたオーダーメイド製品のニット製品販売を全国に先駆けて行うなど、時代の要請に応えた最先端のビジネスモデルを構築してこられました。

同じ頃、戦前・戦後を通じ、県下最大の商業集積地であり、和歌山市の中心街であった「ぶらくり丁」が百貨店の相次ぐ閉店などにより、元気がなくなりつつありましたが、あなたは、旧丸正百貨店ビルを購入され、新たに「ニットミュージアム」やカルチャー教室、健康関連施設、食料品販売エリアを備える複合施設として再生を図られました。人口の減少や高齢化など平坦な道ではないことを重々承知の上、地域に貢献したいというあなたの飽くなき情熱は、現在、地域の中心施設として、ぶらくり丁一帯の衰退を食い止める役割を立派に果たしてくれています。

あなたの活躍は本業だけにとどまりません。和歌山商工会議所女性会の会長として、働く女性の先頭に立って女性経営者の活躍をリードしてこられました。国立大学法人和歌山大学観光学部の設置に向けた要望活動、近畿商工会議所女性会総会・和歌山大会誘致、中国山東省女性企業家との懇談会開催など、あなたが商工会議所女性会会長として、経営者・女性の視点から残した功績は枚挙にいとまがなく、地域経済の活性化に残された業績は計り知れません。

それだけでなく、「わかやま商工まつり」に際して、女性ブースで華やかに、かつ、優しく心配りされているあなたのお姿は決して忘れられません。

また、毎年楽しみにしておりました、女性会の新年会における、あなたのあの可憐な舞台姿をもう二度と見ることができないと思うと涙がわいてまいります。

一方で、和歌山放送のラジオ番組のパーソナリティとしても活躍されました。「ホエール和代」として毎週多彩なゲストと楽しい会話で場を盛り上げ県民に元気を与えるとともに、社会のマナーが守られていない風潮に警鐘を鳴らすなど、あなたは、率直にかつ温かく教育問題や和歌山県の活性化について提言し続けられました。6年間300回にもわたり続けてこられたのは、あなたの魅力的な人柄に尽きるのではないでしょうか。》

葬儀の最後に、喪主としてあいさつに立った正博は「和代がいなくなって1カ月近く経ちますが実感が湧かない日々が続いています」と自らの心情を吐露しつつも「気持ちを明るく持って限りない挑戦を続けていきたいと思います」と締めくくった。気丈に振る舞うその姿が周囲には痛々しく映った。

アクセルとブレーキ

正博にとって和代はどんな存在だったのか。和代とは、そもそもどういう女性だったのか。

和代は正博に対しても子どもに対しても、とにかく厳しい人だった、というのは長男の三博だ。子どものころには母親から怒られた記憶しかない。

「私が小学校高学年のとき、学校へ行きたくないとかそんなことだったと思いますが、何か悪いことをやらかしてえらい怒られ、素っ裸にされて真昼間、外に出されたこともあるんです」

夫婦喧嘩もしょっちゅうだったが、『喧嘩するほど仲がいい』のことわざがあるように、最後はキレた和代を正博がなだめるというお決まりのパターンで、結果的には仲がいい両親なのだと子どもながらに感じていた。

仁坂知事が弔辞で触れた和歌山放送のラジオ番組『ホエール和代のワンダフルわ〜るど』は２００６（平成18）年11月から丸6年間、毎週日曜日に放送された。経済財政担当大臣を務めた和歌山出身の竹中平蔵や歌手の坂本冬美、野球の王貞治など多彩なゲストを招き、放送回数は３００にも達する人気番組だった。和代とともにMCとしてレギュラー出演していたベテランアナウンサーの小林睦郎は和代のことをすごくパワフルで気配りもできるオールマイティな人だったと評する。

「ホエールは、体が大きなクジラと『大きく吼《ほ》える』にひっかけたネーミングですが、和代さんは番組内ではとにかく世間の不作法な人や無礼な若者たちに対して怒って吼えていましたね。若い女の子たちに対して『女子トイレのペーパーを、カラカラと音をたてて無駄に使うのはどういうこっちゃ！』とかね。ときどき出演してくれた正博さんに対してもきついことをいうんですが、きつい中にもどこか温かみがあって、本当にご主人が好きなんやろなあと思いました。糟糠の妻というんでしょうか。ご主人とのかかわりあいが活き活きとしていました」

怖がりで飛行機に乗るのが大嫌いな和代は、正博と海外出張する際には離陸時に夫にギユーッと手を握ってもらうのだ、と語っていたのがとても印象に残っているという。

１６０頁でも触れたが、１９９２（平成４）年に和代が婦人病を患ったあと、正博はさらに和代に対して優しくなった。家の風呂では手術で腕が回りにくくなった和代の背中を流すだけでなく、「フォルテワジマ」が完成して地下で天然温泉・源泉掛け流し「ふくろうの湯」の営業が始まると入浴した後の二人がカラオケルームで仲良く歌う姿もよくみかけられた。

正博は「お母ちゃん（和代）は歌がうまいよってにカラオケの採点は１００点ばっかり。でも僕が歌うと30点しか出ない。カラオケの機械は０点が出ると売れへんようになるから実は最低が30点でね」と当時を懐かしむ。

このように心の芯の部分でしっかり繋がっていた正博と和代を長年、すぐそばで観察してきた長女の千景は葬儀後の父親の様子をこう語る。

「父は社長として仕事を持っており、ずっと落ち込んではいられなかったので葬儀後も普段は以前と変わりませんでした。でも毎日、会社帰りにフォルテワジマへ母を迎えに来て、一緒に家へ帰ったり食事に行ったり、としていたのが出来なくなって寂しかったと思います。代わりに誰彼となく誘っていましたから」

前日夜、急に家族旅行へ行くぞと言い出すような、思いついたらすぐ実行しようとする正博に「あんた、そら、あかんやろ」とブレーキをかけつつ、仕事では夫に「これはホンマに世界初か」とアクセルを踏んでやる気・負けん気を起こさせてきたのが和代だった。そして数々の業績をあげて誰も意見できないほどに偉大な存在になってしまった正博を上手に乗りこなせるのはいつしか和代しかいなくなっていた。

「僕が『かっこ悪いから、みんなの前でそんなこというな』と注意すると、『いわれんようにしなさい』と逆によく怒られた。きついけど、いじめや意地悪な言い方ではなしに何か前向きにね。嫁やから夫にこうしなさい、一心同体やからこうやんなさいって。（夫だけの）単眼のところは（夫婦の）複眼でこう見て、こうやったらいけるでしょ、とね」

三博は母が亡くなった後の父を「ストッパーがなくなった、糸が切れた凧」だと表現する。正博にとっても周囲にとってもかけがえのない〝アクセルとブレーキ〟役を失ってしまったのである。

御成り

第70回国民体育大会（紀の国わかやま国体）は2015（平成27）年9月から10月にかけて和歌山県内各地で開催された。同県での国体開催は1971（昭和46）年の「黒潮国体」以来44年ぶりのことで、人口減少や過疎化に悩む地元は久しぶりのビッグイベントに盛り上がりをみせていた。正博の肝いりで「フォルテワジマ」に4年前オープンした「わかやまスポーツ伝承館」にも大勢の人が訪れ、賑わいをみせていた。

実はこの年、スポーツの大きな大会がもう一つ、県内でおこなわれた。7月に開かれた全国高等学校総合体育大会（インターハイ）である。こちらは45年ぶりとなる和歌山大会だった。皇室では公務を分担し、国体開会式へのご臨場は天皇皇后両陛下、インターハイ開会式へのご臨席は皇太子殿下（現在は皇嗣殿下）としており、当時の皇太子殿下（今上天皇陛下）は7月27～29日の日程で和歌山県をご訪問された。そして皇太子殿下は最終日の29日、島精機製作所へ約1時間ほどお立ち寄りになった。この行啓でご訪問された企業は同社だけだった。

皇族は公務で地方へお出ましになる際には、併せて福祉施設や企業など地方事情のご視察もされることが多い。企業をご視察される際、訪問先は事前に経済産業省がいくつかの候補を宮内庁に推薦して宮内庁がその中から選ぶのだが、経産省は候補をリストアップするにあたり、

・世界に類を見ない独自技術や独創性のある製品を持っていること
・企業対象の公的な表彰、モノづくり関連の賞を受けている

といった基準を設けているという。言い換えれば〝皇族に御成りいただく〟ということは国からお墨付きをもらうことにほかならない。

緊張した面持ちの正博から会社概要のご進講を受けられた皇太子殿下はホールガーメント横編機による試し編みをご覧になり、デザインシステム「SDS—ONE APEX3」のデモンストレーションもご見学された。

「日本国のために役に立つように一生懸命、ほかにないもの、価値が他の国が作るより

数倍上の、いいものを作って、日本が少しでも豊かになるように……」

正博はモノづくりに対する自身の熱い思いを皇太子殿下に伝えようとした。ここで筆者が思い浮かべたのは、当地が生んだ博物学・民俗学の巨星・南方熊楠と、すぐれた生物学者でもあった昭和天皇のエピソードだった。

和歌山市生まれの熊楠は若いころに米・英で遊学して粘菌類の研究に没頭、帰国後は和歌山・熊野の森で植物を採集しながら植物学、微生物学、民俗学を大成した天才だ。皇太子時代から粘菌にも関心があった昭和天皇のご要望に応え、熊楠は1926（大正15）年に粘菌類の標本を献上したこともあったが、生涯公職や地位とは無縁の人だった。そんな彼がある日、天皇陛下にご進講することになったのだ。

1929（昭和4）年6月1日、お召艦「長門」で和歌山・田辺湾を行幸された昭和天皇は神島《かしま》をご視察された後、「長門」船内で正装のフロックコートを着用した熊楠から約25分間、田辺湾の生物についてご進講を受けられた。このとき熊楠が森永ミルクキャラメル60個入りの化粧外箱（ボール箱）の空箱に、新発見の粘菌などの標本を入れて献上した話は有名である。熊楠は標本を献上するため桐の箱をいくつも作らせたものの気に入らず、結局キャラメルの外箱に決めたという。

この話には後日談がある。後に昭和天皇は社会起業家・渋沢栄一の孫で日本銀行総裁や大蔵大臣も務めることになる民俗学者・渋沢敬三にこのように語られたとされる。

「南方（熊楠）には面白いことがあったよ。長門に来た折、珍しい田辺付近産の動植物の標本を献上されたがね。普通献上というと桐の箱か何かに入れて来るのだが、南方はキャラメルのボール箱に入れて来てね。それでいいじゃないか」

熊楠のご進講から30年余り後の1962（昭和37）年、和歌山・白浜をご訪問された昭和天皇は田辺湾に浮かぶ神島をご覧になり、亡き熊楠を偲ばれ歌を詠まれた。

「雨にけふる神島を見て紀伊の國の生みし南方熊楠を思ふ」

昭和天皇と熊楠には心に相通じるものがあったに違いない。さて、令和の時代を迎えて皇太子殿下から即位された今上陛下と正博の間にはどんな心の絆が生まれているのだろうか。

モノづくりの〝ノーベル賞〟

米国の発明王トーマス・アルバ・エジソン（1847〜1931年）は三大発明といわれる蓄音機（1877年）、白熱電球（1879年）、キネトスコープ（映写機、1891年）を含めて、米国で1093件もの特許を取得。海外34か国で取得した特許1239件も合わせるとその数は2332件に達する。一方、正博の出願件数は国内外を合わせて約1100件であるから〝紀州のエジソン〟と称されるようになったこともうなずける。

これらの発明・技術革新や社会への功績に対して正博と島精機製作所に贈られた名誉は、主なものだけでも紫綬褒章（1988年）、英テキスタイル・インスティテュート　ジュビリー賞（1994年）、藍綬褒章（2002年）、イタリア国家勲章コメンダトーレ章（2010年）、旭日中綬章（2017年）など錚々たる内容だ。また学位も英クランフィールド工科大学名誉工学博士号（1993年）、米ドレクセル大学名誉経営学博士号（2

014年)、米ノースカロライナ州立大学繊維学部名誉科学博士号……など多彩である。

しかし、正博自身が最も嬉しかったのは2007(平成19)年に第53回大河内記念生産特賞を受けたことだったようだ。

しかし、「大河内賞」と聞いても文系の出身で、モノづくりにも携わったことのない筆者には初めて聞く名称で正直、ピンとこなかった。

「えっ、オオコウチショウですか?」

大河内賞を贈呈している公益財団法人「大河内記念会」のホームページは会の設立主旨を次のように記している。

《財団法人理化学研究所が国の与望をになって設立されたのは第一次世界大戦勃発後間もない大正6年であり、同10年同研究所の第三代所長に選ばれて就任した東京帝国大学教授・工学博士・子爵大河内正敏氏は、やがて一切の他の公職を辞し全力をあげて研究所の経営に没頭、昭和21年所長を退任するまでの在位25年間とその前後、殆ど後半生の一切をこれに捧げられたのであります。

大胆な人事、卓抜な研究推進行政により日本科学界の人材悉く同研究所に集まり、少壮有為の科学者が次々に数多く育成され、世界の水準を抜く優れた研究業績も続々と上がり、昭和19年には所員2千人を擁する一大研究所となりました。

当時として驚くべきこの現象の反面には博士の非凡な才能と実行力と努力とによる「同研究所生れの発明の工業化」活動があり、その成果として産業界にいわゆる理研産業団と呼ばれた60余会社（ビタミン、ピストンリング、計器、感光紙、マグネシウム、アルマイト等多部門にわたる）が設立され、非常時に至る困難な時代に博士自らのユニークな新しい経営リードで独特の飛躍を示し、そこに生れる特許許諾料、実施報酬その他が厖大な研究所経費を賄う財源となったのであります。

博士は早くから、日本の工業の発展に最も重要なものは生産工学であるとの見解からその指導に乗り出されましたが、たまたま戦乱、敗戦と続き、この卓見は十分に世論となるに至りませんでした。昭和27年8月29日、博士が卒然として逝去されるや博士を敬慕する有志相諮り、遺志となった「生産工学の振興」に寄与することによって、日本の産業と科学技術の発展に貢献することを目的として当会を設立したのであります。

昭和29年4月21日》

そして、同財団は毎年、理工系大学、研究機関、学協会、産業団体、企業等から推薦された生産工学、生産技術の分野の卓越した業績について、大学教授等20余名で構成される「審査委員会」により審査の上、選定された業績に対し大河内賞（記念賞、記念技術賞、記念生産特賞、記念生産賞）を贈呈している。

実は正博は、全自動シマトロニックジャカード手袋編機をはじめとする「手袋編機の自動化に関する研究開発」が高く評価されて、１９７９（昭和54）年に個人・グループを対象とする「第25回大河内記念技術賞」を受賞しているのだが、大河内賞の中でも最高位に位置付けられ、モノづくりにおけるノーベル賞ともいわれる「生産特賞」は今回が初受賞だった。

受賞の理由は「無縫製コンピューター横編機およびデザインシステムを活用したニット製品の高度生産方式の開発」が評価されたことである。ここには４つのコア技術が含まれている。

①　４枚ベッド横編機

横編機をそれまでの２枚ベッドから世界で初めて４枚ベッドタイプに進化させて、

繊細なデザインも編めるようにした。

② スライドニードル

１６７頁で詳しく触れた革命的な編み針で、編み方のテクニックを36種類から４倍の１４４種類に増やし、デザインのバリエーションを大幅に広げた。

③ デジタル・ステッチ・コントロール・システム

１４２頁で紹介した寸法制御装置で、伸び縮みするニット糸で製品のサイズ・形状を±１％以内で編むために横編機への糸の供給量を自動制御する。

④ デザインシステム

１３５頁でも触れたが、画面上に3次元のデザインサンプルを表示させることで、デザインに要する時間を大幅に短縮した。

「生産特賞」に選ばれることがどのぐらい、すごいことなのかを言葉で伝えるのはなかなか難しいが、企業活動に精通した旧通産官僚である和歌山県の仁坂知事が２００７（平成19）年４月に県のホームページへ寄せたメッセージを読めば何となくイメージできると思うので引用したい。この年は島精機製作所と住友金属工業（現・日本製鉄）和歌山製鉄所の2社が生産特賞を受けている。

「毎年多くの候補者の中から全体で10指にも満たぬ者が選ばれます。その中で今回の2社が受賞された大河内生産特賞は特に権威のあるもので、毎年大体1社、ごくたまに2社が選ばれます。日本の生産技術は世界一ですから、その日本で一番ということは世界で一番で、いわば生産技術のノーベル賞と言えるでしょう。過去には住金和歌山が1回受賞していますが、日本の名だたる企業がようやく1回受賞しているぐらいという権威のある賞です。その生産特賞に2社が選ばれ、何とその2社が両方とも和歌山企業であるというのは何ということでしょう。昔でいえば、提灯行列並みの快挙（少々私もセンスが古いか）で、和歌山の誇りであります」

生産特賞は、新日本製鉄（現・日本製鉄）やトヨタ自動車、松下電器産業（現・パナソニック）、富士通、東レなど、何度か受賞している大企業もあるため、正博によると53回の歴史で島精機製作所は41番目の受賞企業だったという。

この受賞には裏話がある。最初に申請した際は、コンピューター横編機の開発としていたのだが、「アピールの仕方がちょっとまずいので」と事務局から差し戻されたというだ。

「コンピューターの横編機というたら繊維機械になるでしょ。そうすると審査員から、繊維は労働集約型の産業だからたいしたことない、ってなってしまう。ちょうどコンピューターグラフィックス（CG）もできて、CGでプログラミングしてそのままニッティングできる。そんなんは工作機械でもないわけやから審査する方もすごいなとなる。事務局が却下せんと、ペンディングにして戻してくれたから、申請し直せた。それまでに受賞した40社は日本を代表する大企業ばかりだった。うちが受賞したので大手企業の幹部がわざわざ和歌山まで見学に来てくれたし、東京で講演してほしい、と呼ばれもした」と正博は振り返る。

正博にとって、会社創立45年にして到達した頂きから見る景色には感慨深いものがあったに違いない。

社員との絆

昭和の日本の高度経済成長期を支えた企業の経営手法は「日本的経営」と呼ばれた。その〝三種の神器〟は企業別労働組合、終身雇用、年功賃金制とされ、米国の経営学者ジェームズ・アベグレンが著書『日本の経営』（１９５８年刊）で紹介し、『ＯＥＣＤ対日労働報告書』（１９７２年刊）でも取り上げられて広まった。このうち終身雇用については松下電器産業（現パナソニック）の創業者・松下幸之助のエピソードが有名だ。１９２９（昭和４）年に発生した世界恐慌のあおりを受けて工場の稼働率が大きく下がった際、幸之助は「生産量が落ちても従業員は一人の解雇もしない」として人員削減をしなかった。この経営哲学が社員や世間からの信頼を呼び、その後の会社急成長の原動力となった。幸之助は「企業は人なり」という名言も残している。時代は変わっても企業にとっての最大の資産は従業員であり、人を大切にしない企業はいつしか没落する。

幸之助の思想は正博の経営哲学とも重なる。68頁の「膨らむ借金」で紹介した1964（昭和39）年の倒産危機、109頁の「オイルショック」で紹介した1974（昭和49）年の会社存続の危機、184頁の「リーマンショックと超円高」で触れた大幅減益、そして現在進行形のコロナ禍不況による赤字転落と、正博は幾度もの困難な経営状況に直面してきたが一貫して雇用を守り続けた。近年、日本の名門企業でも大規模な人員整理をするケースが目立っているが、島精機製作所には今も終身雇用の伝統がしっかりと残っている。一つの企業で長く働き続けられることは社員の安心感につながり、間違いなく愛社精神や忠誠心を育むはずだ。

企業の良し悪しを判断する指標に「顧客満足度」があるが、最近の企業経営でもうひとつ注目されている考え方に「従業員満足度」がある。職場環境や社内の人間関係、働きがい、福利厚生、給与などの項目で計測されるのだが、従業員満足度と生産性は正比例の関係にあり、結果的に顧客満足度も高まっていくのだという。モノづくりの場合、従業員を大事にする企業の製品は品質が良いと言い換えてもよいだろう。

島精機の株主・顧客向け年次報告書「アニュアルレポート」では従業員モチベーション

向上策として、会社敷地内にある緑地の昼休み利用、プール・テニスコートの休日開放、グループ会社が運営するホテルの割引利用、改善提案や資格取得の表彰制度などを紹介しているが、筆者の目に留まったのは共働きの社員のため2017（平成29）年4月に設置した企業内保育園「しまキッズランド」だ。

厚生労働省の資料によると、全国の事業所内保育施設数は2011年649件、2013年709件、2015年733件と伸び悩んでいたが、2016年963件、2018年1786件、2019年3402件と急増し始めた。少子高齢化で労働力の不足が顕著になる中で、企業が若い女性を重要な働き手として強く意識し始めたことを物語っている。

「しまキッズランド」の定員は35名とかなり大きい。床面積328㎡の建物に保育室、乳児室、医務室、トイレ・沐浴室、厨房と事務所、スタッフルームを備え、広い園庭もある。運営は育児用品メーカー・ピジョンの子会社がおこない、月曜日～金曜日の間、定時保育（午前7時半～午後6時半）してくれる。生後6カ月～2歳児が月極3万円、3～5歳児は無料だ。国産地場食材を使った昼食と朝・午後3時の2回、おやつが提供され、有料だが延長保育（午後6時半～8時）や日極の一時保育も受け付けてくれる。2歳までの保育料は2人目が半額、3人目が無料。土・祝日出勤日やお盆休み、年末年始、年度初めなどの特定日には特定保育の制度も設けている。

会社の敷地内に保育所があれば、安心して育児と仕事が両立できて離職率が減るだろうし、女性が長く働けるようになれば女性幹部の育成も進めやすくなるだろう。最大収容人数に対する定期保育利用率は2018年度末40％、2019年末60％、2020年度末50％以上という実績だ。子育て世代も働きやすい企業づくりに向けて挑戦は始まったばかりだ。

「しまキッズランド」は従業員と会社の絆を強める役割も担っている（島精機製作所提供）

バトンタッチ

東洋経済ＯＮＬＩＮＥの２０１２（平成24）年12月28日付記事に『上場会社　在任期間の長い経営者ランキング』という興味深い内容が掲載されている。日本の上場企業で社長在任期間の長い企業20社を掲載しているのだが、１位「エスケー化研の藤井實」で54・３年、２位「サンリオの辻信太郎」で52・０年、３位「島精機製作所の島正博」で51・１年となっている。数値は同年８月末時点のものである。

この記事が出る２年前の２０１０（平成22）年には東証１部上場の電子部品メーカー、ロームの創業者である佐藤研一郎が株式会社化前の前身企業も含めると56年間社長を務めた後、名誉会長へと退いているのだが、マスコミ嫌いで知られた経営者だけあって社長交代の会見にも結局、姿を見せず新社長が創業者の手紙を読み上げるだけという異例の形で話題になった。

ちなみに日本の他の立志伝中の起業家たちはどのぐらいの期間、社長・トップを務めていたのか。松下電器産業（現パナソニック）の創業者である松下幸之助は公職追放処分期間も含めて43年務めているものの、本田技研工業（ホンダ）の本田宗一郎で研究所時代も含めて27年、ソニーの井深大が21年、京セラの稲盛和夫が20年、日清食品の安藤百福で33年と、四半世紀ほどで後進に道を譲っており、それほど長く君臨していたわけではない。

数々の業績をあげてきた正博だが、半世紀を超える社長在任期間という観点でも記録に残る域に達しつつあった。これは社長交代の時期が近づきつつあることを意味していた。

そして２０１７（平成29）年、ついにその時はやってきた。正博は80歳で会社の創立55周年にあたり、世の中では『インスタ映え』の言葉が流行っていた。将棋の藤井聡太・二冠がプロデビューから公式戦の新記録となる29連勝を達成しようとしていた時期でもある。

5月1日開催の取締役会で正博が代表取締役会長、長男の三博が代表取締役社長となることが決議され、6月28日の定時株主総会後の取締役会で正式に承認された。経営のバトンが正博から、帝王学を学んできた三博に引き継がれたのだが、実はこの交代劇、スムーズに進んだわけではなかったようだ。

本社ロビーに掲げた書道家・紫舟による書の前で写真に納まる正博㊧と三博（島精機製作所提供）

「父は75歳ぐらいから、『来年バトンを渡すから』という話をずっとしていました。75歳だし、それはそうやろなと私も心の準備をしていろんな勉強もしてたんです。でも76歳になったらやっぱり渡すのやめた、みたいな。78歳のときにまた言い出したので今回も嘘やろなと思っていたら案の定、言い訳がすごくて78歳は七転び八起きやからなと……。もう、笑いましたね。完全に〝オオカミ少年〟になっていたので、80歳の今度は本気だったことに逆に戸惑いの方が大きかったです」

三博の当時の心境が目に浮かぶようだが、正博の胸の内には世代交代しなければならない意識と、経営を託すには業績がまだ心もとないという不安との葛藤が続いていたのかもしれない。2015（平成27）年に発売した最新鋭のホールガーメント横編機「MACH2XS」は世界初となる可動型シンカーを搭載した4枚ベッドタイプで、性能が飛躍的に向上して堅調な売れ行きをみせていたことが正博の背中を押す形となった。

2017（平成29）年5月末におこなわれた社長内定会見で三博は次のように語った。

「『天才』とも『紀州のエジソン』とも呼ばれる現社長のカリスマ性に頼るくせがあった。島精機は技術開発、創造力がすべて。全員が一丸となってチャレンジする創造力のある会社を目指す」

ここから島精機製作所の新たな歴史が始まった。

チャレンジ精神の育成

社長から会長となり、業務執行は長男の三博に任せた形の正博だが口から漏れ出てくる社員への言葉は手厳しくなる一方だ。

「いまの社員は昔の社員に比べて学力・知識が高いからか、できない言い訳を探すのはとても上手いけれど、どうやったらできるかを考えようとしない。できなくても島精機はつぶれないとでも思っているのではないか。パソコンの前に座っていたら仕事をやった気になっていて、手を動かそうとしない。大企業病にかかっている」

今も時間が空けば社内を歩き回り、アイデアが浮かべばすぐに方眼紙へ鉛筆で描き始めるカリスマ経営者からすると、じっと座ってパソコンにしがみつく仕事のスタイルは歯がゆく、やる気がないとしか見えないのだろうか。

「三代目は身上を潰す」ということわざがある。初代、二代目の苦労を知らずにボンボンでのほほんと育った三代目が看板にあぐらをかき家業を傾かせるケースが多いことを指している。正博はそれを心配しているのかもしれない。

このことわざにはさらにもうひとつ、警告の意味が含まれているように思う。時代は変わっていくので、どんな分野でも創業時のやり方そのままでは通用しなくなる部分が出て来て、常に工夫と改善が必要であると。老舗と呼ばれる1世紀以上続くような組織も、時代を超えて生き残るためには芯の部分を守りながらも時流に応じた新しい要素を取り入れて進化していかなければならない。まさにＥｖｅｒ Ｏｎｗａｒｄ（限りなき前進）が企業存続のカギである。

では島精機製作所の二代目社長となった三博は創業者で父でもある正博のやり方をどのようにみているのか。どんな業務執行を目指しているのか。

〈父の生きてきた時代背景というのは父にぴったり合っていたんだろうなと思います。（トヨタグループ創始者の）豊田佐吉さんがそうですけど、思ったことは必ず実行して成功するまでやり抜く。今だったらブラック企業になってますけど、日本国民が馬車馬のように経済発展のために動いていた時代でしたから、島精機を引っ張る非常に力のあるリー

ダーじゃないかなと。〉

その上で、このように言葉を続ける。

〈でも、ちょっと時代に合わないところも歳とともに出てきましたので、そこをどうやって変えていくか、実行に移していくかがやっぱり島精機として大事だなと思います。だから社員の自主性を育むことを、仕事を通してやっていくのが僕の使命なんだろうなと思っています〉

島精機製作所で働いてきた中で、三博には心に強く残っている経験がある。2000（平成12）年に発表したデザインシステム「SDS―ONE」を開発したときのエピソードだ。

同社のデザインシステムの歴史は1981（昭和56）年、3種類の編成方法を色の3原色と組み合わせることでニットの柄組みにつなげた世界初の商品「シマトロニックデザインシステムSDS―1000」に始まり、CG技術の進歩とともにバージョンアップしていく。ただ登場から10年を越えて新しいステージに入っていかないとちょっと遅れていくぞということを担当者全員が感じ始めていた。柄組みだけでなく、バーチャルサンプルの作成やデータベース化したサンプルの検索、企画検討資料の作成までできるパソコンのようなステージだ。しかし社長だった正博の「うちのデザインシステムはパソコンじゃないんだ」という言葉が新規開発を躊躇《ためら》わせていた。

社長の指示もなく新しい開発をスタートさせることは、〝社長に反旗を翻す〟ことになりかねず、担当者たちはものすごく嫌がったが、まだシステム開発部長にすら就任していなかった三博は「このまま社長のいうてることを聞いていると、ちょっと立ちいかなくなるぞ」と周りを説得し、3年の歳月をかけて編み方のデータベースやノウハウまでも提供できるオールインワン型の新デザインシステムを完成させたのだという。ちなみに、三博がシステム開発部長に就任するのはこの開発がスタートしてから1年ほど経った1998(平成10)年3月のことである。

「そのころは開発のスタッフだけではなくて会社全体が社長のイエスマンでしたので、自分で考える力をつけていかなあかんやろな、社長が嫌がろうが何しようが正しい方向に向かっていかないといけないと思いました。でも社長を完全に無視することもできない。いいところは当然、いいことをいってはるわけですから」

それから20年以上が経ち、三博は社長という立場に変わった。長らくカリスマ経営が続き、ややもすれば意見を出しにくく指示待ちになっていた社員の自主性を育てるのが二代目に課せられた課題といえる。

同社では最近、社内ベンチャー制度を実験的に始めている。内容や分野は農家支援、学童保育、古紙から糸を作るなど何でもかまわない。アイデアを持っている社員に手を挙げてもらい、資金とサポートする人材をつけ、あとは自由裁量で事業を進めてもらう。事業の成否よりもチャレンジ精神の醸成が狙いであり、すでにいくつかプロジェクトがスタートしている。

三博は「プロジェクトが成功するかどうかわかりませんけれど、自分が手を挙げてやり進んでいくうちに人間って成長するじゃないですか。そういうところを徐々に増やしていって、何をしたら世の中、幸せになるのかなっていうのを自分の頭で考えて動けるような集合体が島精機でありたいなと思います」と期待している。

育て！　未来のエジソン

ＮＨＫのニュースが天皇陛下の生前退位についてスクープしたのは、皇太子殿下が島精機製作所へ御成りされてから約1年が過ぎた２０１６（平成28）年7月のことだった。

それから3年後の２０１９（平成31）年4月1日、政府は平成に代わる新元号を「令和」と決定し、当時の菅義偉内閣官房長官が墨書を掲げて記者会見。翌5月1日には新しい時代が幕を開けた。新元号は万葉集の「初春の令月にして気淑《きよ》く風和ぎ、梅は鏡前の粉を披《ひら》き、蘭は珮後《はいご》の香を薫らす」から引用され、ゆかりの地とされる福岡県太宰府市の坂本八幡宮にはたくさんの参拝者が詰めかけたのは記憶に新しい。

新元号のスタートに歩調を合わせるかのように正博も新しい動きをみせていた。２０１８（平成30）年4月に「島財団」の設立準備室を設置し、同年7月に財団を設立、２０１９（令和元）年5月30日に公益財団法人の認定を受けたのだ。この財団を立ち上げるにあたり正博が拠出した個人資産は合わせて2億3300万円にのぼる。

　さて、「島財団」とは一体、何者なのか。定款の事業として（1）発明の奨励・振興、（2）未来の科学技術の進歩を担う人材育成、（3）育英奨学金の給付、（4）その他この法人の目的を達成するために必要な事業―の4項目を掲げており、2番目の項目で公益認定を受けている。財団のパンフレットに正博が寄せているメッセージには
《新しく令和の時代が始まり、時はＡＩの時代と言われていますが、創造性豊かな新商品や時代を変革するような発明を産み出す源は、人の知恵です。

　島財団では、これからの地域や日本の未来を担う子どもたちに、不思議が分かる喜びや、工夫してやり遂げる感動などを体験するとともに、考えながら手を動かし工夫することから生まれる知恵を身に付けて欲しいとの思いで「島ものづくり塾」を開設することにしました。

　将来、島ものづくり塾の卒塾生が、塾での経験を役立てながら有為な人に成長し、身につけた知恵を働かせて、それぞれの分野で革新を起こすものづくりや発明を成し遂げ、社会の発展に貢献されることを心より願っております。》

と記されている。

正博のメッセージからも分かるように、この財団の肝は子どもたちにモノづくりの重要性を気づかせる「島ものづくり塾」の開催である。対象は主に県内在住の小学生で、低学年、高学年の2クラス計60人程度とし、原則として月1回（日曜日）・半年間、和歌山市の「フォルテワジマ」3階会場で2〜3時間の実験や工作体験などをおこなっている。講師は現・元大学教授や小・中・高校の教諭ＯＢ、ＯＧたちが務めている。

「島ものづくり塾」で空気と水圧の科学実験を楽しむ子どもたち＝2020年1月19日、「フォルテワジマ」3階（島財団提供）

例えば、今年1月の低学年向け講義は「大型キューブカレンダーを作り、暦と時間を学ぼう」、高学年向け講義は「プログラミングで、ロボットを自由に操ろう」だ。過去の講義をみても縦笛と琴を作って音の縦波と横波を学んだり、グライダーを作って揚力のことを学んだり、と中学・高校レベルの実験内容が占めている。財団理事長の大江嘉幸は狙いをこう説明する。

「島（正博）さんはやんちゃな少年時代にさまざまな経験をし、失敗をおそれなかった。ここで子どもたちに手を動かして何かを作らせ、なぜなのかと考えさせて夢や希望を持たせる。ときには火を使うような多少危ないこと、学校ではなかなかできないこともしてもらい、科学の面白さを伝えたい」

カリキュラムを組むにあたっては、大学や小中高で物理を担当する教員らからの助言・指導を受けながら、小学校でやる以上の高度な内容を工夫して易しくおこなっている、と財団の事務局次長で高校教諭OBの田野岡教彦はいう。

「島正博会長と話していると、シマセイキの技術には会長の小さいころの体験が活かされているのを感じます。小さいころの体験活動は人の成長を大きく左右しますし、小学生は純粋無垢な部分があり中高生より関心を持ってくれやすい。しかし最近は学校や家の中だけではそんな体験をすることは難しくなってきている。この塾で科学に興味を持ってもらい、今は仕組みがわからなくても上の学校へ行って知識を高めてくれたらと思います」

講義は２０１９（令和元）年10月、高学年のクラスのみでスタートしたのだが、「学校では学べない体験ができた」と参加した子どもたちの評判は上々だった。口コミで広まったせいか、昨年夏におこなった低学年の募集には30名の定員に対して７４６名もの応募があった。競争率はなんと25倍の非常に狭き門となり、車で１時間以上かかる遠方から通っているケースもある。

事務局職員の村上孝子は「実験して初めて知った、面白かったので家に帰っておじいちゃん、おばあちゃんにも作品を見せるという子。学校で友だちに自慢するんだという子。みんな活き活きと学習していますし、父兄からもとても勉強になったと好評なんです」と目を細めながら塾生の世話をしている。

実験が中心の塾ではあるが、リケジョ（理系女子）の時代だから女子だって負けてはいない。２０２０（令和２）年度の塾生は低学年が男子19名・女子11名、高学年が男子18名・女子12名で約４割は女の子だという。男女を問わず、この中から将来、第２、第３の〝紀州のエジソン〟が誕生するのかもしれない。

コロナ禍の先に

新型コロナウイルスの感染拡大はあらゆる産業に大きな影響を与えている。しかし島精機製作所のかじ取りを正博から任された三博は、コロナ禍の始まる前から売れ残った衣料品の大量廃棄などが問題視されていたと説明する。

「世界のアパレル・ファッション業界全体はコロナ禍前から、非常にサステナブル（持続可能）ではないとか、米中貿易摩擦の影響でモノづくりの現場が脱中国になってきたとか、いろいろ混乱していました。そこにコロナ禍がかぶさってきた形となっています。コロナ禍前から業界全体に構造改革をしないといけないぞという機運があったんです」

可動型シンカーを搭載した最新鋭のホールガーメント横編機「MACH2XS」が発売された2015（平成27）年、ニューヨークの国連本部では「国連持続可能な開発サミット」が開かれ、161の加盟国の首脳が出席し、2030年までの持続可能な開発目標（S

DGs）を採択した。貧困をなくそう、ジェンダー平等を実現しよう、海の豊かさを守ろうなど17の国際目標を掲げ、地球上の「誰一人取り残さない」ことを誓ったもので、企業はSDGsを達成するため地球環境にできるだけ負荷をかけない活動方法を求められるようになった。

しかし、アパレル・ファッション業界は相変わらず消費者に衣服の頻繁な買い替えと廃棄を促し、国連によると、化石燃料業界に次ぐ第二位の汚染産業となっている。二酸化炭素の排出量は全世界の10％を占めて国際航空業界と海運業界を足したよりも多く、毎年500万人が生活できる量の水を使い、約50万トンものマイクロファイバーを海洋に投棄しているという。世間からは環境に優しくない業界とみられ、構造改革を迫られてきた。だから三博はコロナ禍はむしろ無駄を省いた産業への進化を促進する絶好の機会だと考えている。

「いま、世界中のアパレル企業はコロナ禍で業績がピンチなんだけれども、業界の構造自体を変えるいいチャンスだというふうに捉えていると思います。来年になったら、再来年になったら、また元に戻れるだろうとは誰も思っていない。もともと調子が悪かったですから。コロナ禍が収束したら、新しいアパレル・ファッション業界をみんなで作っていくチャンスかなと思っています」

コロナ禍で受注が落ち、仕事量が減って時間に余裕があることを逆手にとって島精機では社内でいろいろな研修を進めている。特にＩＴ関連についてはまったくスキルのない約１５０名に講習し、プログラミングできるところまでもっていこうという取り組みも進めている。会社の戦力になっていくと三博は期待している。

「アパレル・ファッション業界は他の業界に比べてとてつもなく遅れている業界です。ホールガーメントの機械さえ入れればいいやという話ではなくて、もっともっと進化した形にしようと思うと、いろんな面でＩＴスキルを持った人というのは非常に必要になってくると思います」

インタビューでこの話を聞いたとき、正博がオイルショックで仕事がなくなった社員に三角関数などの勉強をさせていたというエピソードを思い浮かべた。詳細は１１９頁を読み返していただきたいが、最新鋭のＮＣ工作機械を使いこなし、コンピューター編機を開発するため、人員削減どころか、新たに大学で電子工学を専攻した新入社員を補強するとともに、仕事のない既存の社員にもコンピューターや数学（三角関数）の勉強を半年間させて備え、コンピューター横編機のトップメーカーへとつなげていった。ピンチを次のステージ飛躍へのチャンスと捉え、しっかりと考えて備えるのはこの会社のDNAといえる。

会社案内の1ページ目には次のような記述がある。

《私たちは「愛」「創造」「氣」を合言葉に「Ｅｖｅｒ　Ｏｎｗａｒｄ―限りなき前進」を掲げ、事業の持続的発展により、「世の中になくてはならない企業」になることを目指してまいります。

愛　私たちは、仕事を愛し、人を愛し、国や地域を愛し、地球を愛することを通じて、人や環境にやさしい「もの創り」を目指し、社会に貢献します。

創造　私たちは、高感度・高感性で創造力を発揮し、世の中に無い魅力的なものを創り出すことを目指します。

氣　私たちは、何ごとにも、成し遂げる〝氣〟を持って挑戦し、製品やサービスに魂を込め、未来を切り開いていきます。》

コロナ禍の先に、どんな世界初のモノづくりを見せてくれるのかが楽しみだ。

あとがき

本書は２００９（平成21）年８月に産経新聞出版から出した『ＥＶＥＲ　ＯＮＷＡＲＤ～限りなき前進～　シマセイキ社長　島正博とその時代』に大幅加筆し改題した作品です。

前作をリニューアルした方がいいかなと考えていた矢先の２０２０（令和２）年５月、以心伝心とでもいうのでしょうか、島精機製作所の島正博さんから改訂版を出してほしいという打診を受けたのがきっかけでした。

「十年ひと昔」という言葉がありますが、前作を上梓してから12年の間には本当にいろいろなことが起こっていました。お亡くなりになった取材協力者や仕事を引退された関係者は少なくありません。そして２０１１（平成23）年の東日本大震災、平成から令和への改元、新型コロナウイルスの感染拡大は私たちの日常生活に大きな変化をもたらしました。

この間、正博さんにも様々な変化がありました。会社創立50周年や叙勲、社長交代、そして妻・和代さんを失ったことなどです。取材・加筆すべき事柄は山のようにありました。しかし、実際の取材はコロナ禍の影響もあって思うようには進みませんでした。始めたころは第一波が収まっていましたが、夏に第二波、冬に第三波と続き、外出もままならない状況の中でメールや電話も駆使して情報を集めましたが〝コロナ鬱〟というべき状態に陥り、一行も書けない日が続きました。ようやく脱稿したのは翌2021（令和3）年2月中旬のことで、会社勤めをしながらとはいえ1年近くも過ぎていました。

取材に協力いただきましたみなさまにこの場を借りましてお礼を申し上げます。特に、取材先との調整などに尽力いただきました島精機製作所の今井博文さんには感謝しております。

本書を執筆しながらもコロナ禍のことが常に頭の片隅にありました。ニュー・ノーマル（新しい日常）という言葉が定着しつつありますが、コロナ禍の前と後で、私たちの日常生活、物の考え方、価値観は劇的に変化しています。私も会社でＺｏｏｍを使った商談をするようになりました。テレワークやリモート会議など人が移動せずにビジネスを回す方法、遠方の国からの輸入のみに頼らず、近隣、できれば国内で部材を調達するモノづくりなど、サプライ・チェーンのあり方さえ変わってしまうかもしれません。

正博さんが発明した「ホールガーメント」という考え方は、電子データで衣類の仮想サンプルを作り、それを3次元で編み上げるコンピューター横編機へ送って衣類を完成させる仕組みなので、まさにテレワークです。そして、消費者の近くにコンピューター横編機を設置すれば地産地消になり、遠方から輸入する必要がなくなります。コロナ禍のような感染症が流行する時代にはピッタリなビジネスモデルなのです。さらに裁断・縫製によるカットロスがないため焼却が不要で、オンデマンド生産のため流通ロスもなくなり、地球環境への負荷を減らすという点では、国連が掲げた2030年までの持続可能な開発目標（SDGs）の推進にも大きく貢献する仕組みで、ポスト・コロナの時代にも強みを発揮できるはずです。

ホールガーメントが世の中をどのように変革していくのかを今後も見守っていきたいと思います。

2021（令和3）年6月、大阪府高槻市の自宅にて

辻野訓司

〔付録〕島正博と島精機製作所の歩み

西暦	和暦	正博の年齢	正博のできごと	島精機製作所・和島興産のできごと	世の中のできごと
1937	昭和12	0	・島武夫、二三四の長男として和歌山市内で誕生 ・父が1度目の兵役で岡山県へ赴任		・盧溝橋事件
1938	13	1	・父が1度目の兵役終了		・国家総動員法公布
1939	14	2			・第2次世界大戦勃発
1940	15	3			・日独伊3国同盟
1941	16	4			・日米開戦
1942	17	5			・ミッドウェー海戦
1943	18	6	・父が2度目の兵役に就く		・連合艦隊司令長官の山本五十六が戦死
1944	19	7	・父がニューギニア島のホーランジアで戦死		・連合軍がノルマンディー上陸
1945	20	8	・和歌山大空襲、終戦		
1946	21	9	・祖父の福松が亡くなる ・クモの巣の観察で原点回帰の大切さを学ぶ		・日本国憲法公布
1947	22	10			・トルーマンドクトリン発表
1948	23	11			・大韓民国、朝鮮民主主義人民共和国が成立

西暦	和暦	正博の年齢	正博のできごと	島精機製作所・和島興産のできごと	世の中のできごと
1949	24	12	・和歌山市立西和中学校へ入学 ・ラビットスクーターを改造		・中華人民共和国成立 ・湯川秀樹がノーベル物理学賞を受賞
1950	25	13	・隣家の池永製作所で手袋編機修理などの手伝い		・朝鮮戦争勃発
1951	26	14	・空手の稽古を始める		・サンフランシスコ講和会議
1952	27	15	・県立和歌山工業高校機械科（定時制）入学		・白井義男が日本人初のボクシング世界チャンピオンになる
1953	28	16	・二重環かがりミシンを発明 ・作業手袋編成機の支針板自動旋動装置で最初の実用新案を出願		・NHKと日本テレビがテレビ本放送を開始
1954	29	17	・祖母の種代が亡くなる		・日本の遠洋マグロ漁船「第五福竜丸」が米国の水爆実験で被災
1955	30	18	・ゴム入り安全手袋編機を発明 ・和代と出会う		・森永ヒ素ミルク中毒事件
1956	31	19	・高校卒業 ・ゴム入り安全手袋の実用新案を出願		・日本が国際連合に加盟
1957	32	20			・ソ連が史上初の人工衛星打ち上げ成功

西暦	和暦	正博の年齢	正博のできごと	島精機製作所・和島興産のできごと	世の中のできごと
1958	33	21	・実用新案登録を巡り、長野県の男と対面		・長嶋茂雄選手がプロ野球デビュー
1959	34	22	・和代と結婚		・皇太子ご成婚 ・伊勢湾台風
1960	35	23	・長女の千景が誕生 ・ドライブ用手袋を発売		・日米安全保障条約改定
1961	36	24	・長男の三博が誕生	・三伸精機株式会社を設立	・ソ連のガガーリンが人類初の宇宙飛行
1962	37	25		・法人登記を和歌山市手平へ移して商号を株式会社島精機製作所に変更	・キューバ危機
1963	38	26		・全自動シームレス手袋編機（初期型）を開発するが故障が多く100台で製造中止	・ケネディ米大統領暗殺
1964	39	27		・全自動手袋編機（角型）の開発	・東海道新幹線開業 ・東京オリンピック開催
1965	40	28	・二女の恭子が誕生	・報奨金制度で増産に成功	・ベトナム戦争勃発
1966	41	29		・利益3分法を導入 ・新製品開発のための会社「島アイデアセンター」を設立	・中国プロレタリア文化大革命

西暦	和暦	正博の年齢	正博のできごと	島精機製作所・和島興産のできごと	世の中のできごと
1967	42	30		・横編機業界へ進出し全自動フルファッション衿編機を開発 ・欧州視察	・欧州共同体(EC) 発足
1968	43	31	・和歌山市今福に新居を建てて引っ越し	・本社と工場を和歌山市手平から坂田へ移転 ・全自動セミフルファッション横編機を開発	・「少年ジャンプ」創刊
1969	44	32		・東京晴海国際ニット機器展に出展し、横編機メーカーとして本格始動	・アポロ11号が月面着陸 ・大学闘争激化
1970	45	33		・全自動シームレス手袋編機(SFG) を開発	・大阪万博開催
1971	46	34		・ 第6回ITMA展（パリ）に全機種を出品 ・特許侵害で松谷鉄工所を相手取り大阪地裁に損害賠償請求訴訟	・1ドル＝360円の為替レートが切りあがる（ニクソンショック） ・黒潮国体（和歌山県）
1972	47	35		・SFGの開発により科学技術功労賞を受ける ・2つの労働組合が旗揚げ	・沖縄復帰 ・日中国交正常化
1973	48	36	・三女の都が誕生		・オイルショック

西暦	和暦	正博の年齢	正博のできごと	島精機製作所・和島興産のできごと	世の中のできごと
1974	49	37		・激しい労働争議が勃発 ・業績不振などで専務が社内で自死	・小野田寛郎陸軍元少尉がルバング島から帰還 ・長嶋茂雄選手が引退
1975	50	38		・最新鋭のNC工作機械を導入 ・東ドイツ・ライプチヒでの国際機械展で全自動ジャカード手袋編機がゴールドメダルを受賞	・サイゴン政府陥落 ・広島カープがセ・リーグ初優勝
1976	51	39		・色の3原色からデザインシステムの端緒を発想	・ロッキード事件で田中角栄元首相を逮捕 ・南北ベトナム統一
1977	52	40		・業務のシステム化を目指してコンピューターシステムを導入	・日本赤軍の日航機乗っ取り事件 ・米国が無人惑星探査機「ボイジャー」打ち上げ ・巨人の王貞治選手がホームランの世界記録を更新
1978	53	41		・柄出しから生産工程までおこなうシマトロニック・ジャカード・コンピューター制御横編機「SNC」が誕生	・成田空港開港

西暦	和暦	正博の年齢	正博のできごと	島精機製作所・和島興産のできごと	世の中のできごと
1979	54	42		・第25回大河内記念技術賞を受賞 ・「ボイジャー」計画で不要になったグラフィックボードを1枚1500万円で購入	・米中国交正常化 ・英国にサッチャー政権誕生 ・ソ連がアフガニスタンに軍事介入
1980	55	43	・発明協会の全国発明賞（手袋編成方法）を受賞	・シマファインプレス設立	・イラン・イラク戦争勃発 ・韓国光州事件
1981	56	44		・シマトロニック・デザインシステム「SDS－1000」を発表 ・研修センター南風荘を開設	・米国にレーガン政権誕生 ・深川通り魔事件
1982	57	45		・全自動シームレス手袋編機のコンピューター制御化と手袋の完全製品化に成功 ・大阪支店を開設	・ホテル・ニュージャパン火災 ・フォークランド戦争 ・三越の岡田茂社長解任
1983	58	46		・ITMA'83（ミラノ）に全機種を出品し、「アパレル・マルチ・デザインシステム」を提唱	・NHK朝の連続ドラマ小説「おしん」放映 ・サハリン沖でソ連軍が大韓航空機を撃墜 ・東京ディズニーランド開園
1984	59	47			・グリコ森永事件発生

西暦	和暦	正博の年齢	正博のできごと	島精機製作所・和島興産のできごと	世の中のできごと
1985	60	48		・寸法制御装置「デジタル・ステッチ・コントロール・システム」を開発 ・英ミルトンキーンズ市に同社初の現地法人「シマセイキ・ヨーロッパ」を設立	・甲子園球場の巨人戦で阪神のバース、掛布、岡田がバックスクリーン3連発 ・日航ジャンボ機が御巣鷹山に墜落 ・プラザ合意で円高に
1986	61	49		・台湾に台北支店を設立	・土井たか子が日本社会党委員長に就任 ・ソ連・チェルノブイリで原発事故
1987	62	50		・米ニュージャージー州に現地法人「シマセイキU.S.A.」を設立 ・東京支店を開設 ・グループの島アイデアセンター、神谷電子工業を合併 ・和島興産を設立	・国鉄の分割民営化 ・金賢姫による大韓航空機爆破事件 ・NTTが携帯電話サービス開始

西暦	和暦	正博の年齢	正博のできごと	島精機製作所・和島興産のできごと	世の中のできごと
1988	63	51	・全国最年少で紫綬褒章受章 ・発明協会の全国発明賞（横編機の開発）を受賞	・アパレルCAD「PGM－2」を開発 ・本社敷地の側溝を暗渠にし電線を地中化して歩道整備したことが評価され和歌山県ふるさと建築景観賞に選ばれる	・リクルート事件発覚 ・青函トンネル、瀬戸大橋が開業
1989	平成元	52	・第1回パイオニア・オブ・ザ・イヤー（関西テレビ放送）を受賞 ・第3回東京クリエイション大賞を受賞	・ハイビジョン対応のコンピューターグラフィックス「SDS-480SGX」を米フォード自動車へ納入	・昭和天皇が崩御 ・ベルリンの壁崩壊 ・中国で天安門事件 ・日経平均株価が大納会で3万8915円87銭の最高値記録
1990	2	53	・首相の諮問機関である経済審議会が20年後の日本のありようを検討するため開催した「2010年委員会」に委員として参加	・新本社ビルが完成 ・大証2部に株式上場	・バブル崩壊が始まる
1991	3	54	・京都経済短大の設立のために5億円寄付	・ニットCADのスーパーマイクロSDSを開発	・雲仙普賢岳で大規模な火砕流が発生

西暦	和暦	正博の年齢	正博のできごと	島精機製作所・和島興産のできごと	世の中のできごと
1992	4	55	・和代が手術のため3カ月間入院 ・長男の三博が結婚 ・和歌山市吹上に新居完成	・大証1部に株式上場 ・名古屋支店を開設 ・生地自動裁断機「P －CAM」などを開発	・長崎県でハウステンボス開業
1993	5	56	・英国クランフィールド工科大学から名誉工学博士号 ・衣服文化賞（衣服研究振興会）、オスカー賞（イタリア・テクニカ社）を受賞	・4面ベッド方式採用の横編機「SES122RT」を開発	・細川連立内閣発足 ・Jリーグ開幕 ・皇太子殿下がご成婚 ・ドーハの悲劇
1994	6	57	・ジュビリー賞（英国テキスタイル・インスティテュート）を受賞	・泉州支店を開設 ・トータルデザインセンターを開設	・自社さきがけ連立内閣成立 ・関西国際空港が開港
1995	7	58		・完全無縫製型のコンピューター横編機（ホールガーメント横編機）「SWG」を発表 ・島精機のCGシステムで作成したタイトル映像がNHKの大河ドラマ「八代将軍吉宗」のオープニングを飾る	・阪神・淡路大震災 ・地下鉄サリン事件 ・Windows95発売
1996	8	59		・東証1部に株式上場	・将棋で羽生善治7冠誕生

西暦	和暦	正博の年齢	正博のできごと	島精機製作所・和島興産のできごと	世の中のできごと
1997	9	60	・和歌山県公安委員に就任 ・経営者賞（財界研究所）を受賞	・150年ぶりの新しい編み針「スライドニードル」を開発し、搭載機「SWG-FIRST」を発表	・神戸連続児童殺傷事件 ・香港が中国に返還される ・ダイアナ元英皇太子妃がパリで事故死
1998	10	61		・東北シマセイキ販売を吸収合併し、山形営業所、福島営業所を開設	・郵便番号が7桁化 ・奈良のキトラ古墳で白虎図など発見
1999	11	62	・第19回毎日経済人賞（毎日新聞社）を受賞 ・工業所有権制度関係功労者表彰（特許庁）を受賞	・パリのエッフェル塔展望台を貸し切りにしてパーティ開催	・日本銀行がゼロ金利政策を実施 ・光市母子殺害事件発生
2000	12	63		・企画、デザイン、型紙作成、ニットプログラミング、バーチャルサンプルの機能すべてを1台に備えたデザインシステム「SDS-ONE」を開発	・小渕恵三首相が脳梗塞で倒れ、亡くなる ・沖縄サミット ・雪印集団食中毒事件
2001	13	64	・和歌山商工会議所会頭に就任	・イタリアのミラノにデザインセンターを開設	・同時多発テロでワールドトレードセンター崩壊

西暦	和暦	正博の年齢	正博のできごと	島精機製作所・和島興産のできごと	世の中のできごと
2002	14	65	・毎日ファッション大賞鯨岡阿美子賞を受賞 ・藍綬褒章受章	・創立40周年記念のファッションショーを和歌山市内のイベント会場「ビッグホエール」で開催 ・無製版型プリントシステム「SIP－100F」を発売	・EU単一通貨「ユーロ」の流通始まる ・みずほ銀行が発足 ・小泉首相訪朝
2003	15	66		・ホールガーメント横編機「SWG021」を開発	・イラク戦争勃発
2004	16	67		・超ファインゲージ手袋編機「NewSFG」18ゲージを開発	・スマトラ沖大地震とインド洋津波
2005	17	68	・関西財界セミナー賞2005・大賞（関西経済連合会、関西経済同友会）を受賞 ・経営の師と仰ぐ森林平が逝去		・愛知万博開催 ・ハリケーン「カトリーナ」で米国に大被害
2006	18	69	・知財功労賞経済産業大臣表彰を受賞	・香港、イタリアに現地法人を設立	・北朝鮮が地下核実験

西暦	和暦	正博の年齢	正博のできごと	島精機製作所・和島興産のできごと	世の中のできごと
2007	19	70		・第53回大河内記念生産特賞を受賞 ・創立45周年記念のファッションショーを本社敷地内の特設ステージで開催 ・旧丸正百貨店のビルを改装した複合商業施設「フォルテワジマ」が和歌山市内で一部開業 ・緑化優良工場等表彰経済産業大臣賞を受賞	・安倍晋三首相が突然の辞任 ・郵政民営化で日本郵政が誕生 ・京都大学の研究グループがヒトiPS細胞の開発に成功
2008	20	71		・宇宙実験棟「きぼう」で土井隆雄飛行士がホールガーメント試着 ・「ニットミュージアム」(現「フュージョンミュージアム」)を開設	・中国製ギョーザ食中毒事件 ・リーマン・ショック
2009	21	72	・『経済危機克服のための「有識者会合」』麻生総理や関係閣僚と意見交換 ・営業本部長を兼務 ・「第3回ベスト・ファーザー賞 in 関西」を受賞 ・11月で結婚50周年	・高速で編めるホールガーメント横編機「MACH2」シリーズを販売開始 ・常陸宮殿下・同妃殿下がご来臨	・米国にオバマ政権誕生 ・新型インフルエンザ

西暦	和暦	正博の年齢	正博のできごと	島精機製作所・和島興産のできごと	世の中のできごと
2010	22	73	・イタリア連帯の星勲章「コメンダトーレ章」を授与される	・山崎直子宇宙飛行士がホールガーメントを船内着として着用 ・研修施設「南風荘」が閉館	・日本・トルコ交友120周年
2011	23	74		・デザインシステム「SDS-ONE APEX3」を発表 ・「はやぶさ」の帰還カプセルを「フォルテワジマ」で展示 ・「フュージョンミュージアム」、おもちゃから「スポーツ伝承館」へ	・東日本大震災 ・紀伊半島大水害
2012	24	75	・米国繊維歴史博物館に殿堂入り	・炭素繊維、複合素材などの産業資材に対応する自動裁断機「P-CAM120C」を開発 ・創立50周年の記念事業としてファッションショーを開催 ・ホールガーメント新工場FA3竣工 ・ドレクセル大学に「Shima Seiki Haute Technology Labolatory」(シマセイキ先端技術研究所)開設	・iPS細胞を開発した山中伸弥京都大教授がノーベル医学生理学賞を受賞 ・中国が習近平体制に ・北朝鮮が金正恩体制に

西暦	和暦	正博の年齢	正博のできごと	島精機製作所・和島興産のできごと	世の中のできごと
2013	25	76	妻、和代が永久の旅立ち	・コンピューター横編機「SVR」シリーズを発表	・アベノミクス始動 ・中国でPM2・5の汚染深刻化
2014	26	77	・米ドレクセル大学から名誉博士号（経営学）を授与される	・インクジェットプリンティングマシン「SIP-160F3」を開発	・御嶽山が噴火 ・エボラ出血熱感染拡大 ・ノーベル平和賞にマララ・ユスフザイ
2015	27	78	・第17回企業家大賞受賞	・世界初の可動型シンカー搭載4枚ベッドのホールガーメント横編機「MACH2XS」を発売 ・安倍晋三首相がご訪問 ・皇太子殿下（当時）が御成り ・ISO14001認証を本社で取得	・安全保障関連法が成立 ・紀の国わかやま国体2015開催 ・ラグビーW杯で南アフリカに歴史的勝利 ・地球温暖化対策の新たな国際枠組み「パリ協定」採択
2016	28	79		・緑化推進運動功労者内閣総理大臣表彰を受賞 ・「戦後日本のイノベーション100選」（発明協会）に全自動横編機が選定 ・世界初の横編みニット専用PLM（製品ライフサイクル管理）システムを開発 ・「イノベーションファクトリー」にファーストリテイリングが出資	・熊本地震 ・米大統領選でトランプが勝利 ・英国がEU離脱決定

西暦	和暦	正博の年齢	正博のできごと	島精機製作所・和島興産のできごと	世の中のできごと
2017	29	80	・ソムリエ・ドヌール（名誉ソムリエ）に就任 ・旭日中綬章を受章 ・毎日ファッション大賞「特別賞」を受賞 ・ノースカロライナ州立大学繊維学部から「名誉科学博士号」を授与される	・企業内保育所「しまキッズランド」開園 ・社長交代 ・全自動手袋編機の「機械遺産」（日本機械学会）認定 ・グッドデザインベスト100、グッドデザイン特別賞受賞	・将棋で藤井聡太棋士が29連勝 ・韓国に文在寅政権発足
2018	30	81		・「愛 氣 創造」書家の紫舟さんに揮毫していただき玄関ホールに ・コンピュータ横編機20万台出荷 ・「MACH2XS」シリーズが第38回優秀省エネルギー機器・日本機械工業連合会会長賞を受賞 ・ユニクロがホールガーメントを活用した「3D ニット」を発売	・日産ゴーン会長を逮捕 ・フィギュアスケート男子で羽生結弦が五輪連覇 ・環太平洋連携協定（TPP）が発効

西暦	和暦	正博の年齢	正博のできごと	島精機製作所・和島興産のできごと	世の中のできごと
2019	令和元	82	・第17回日本イノベーター大賞「日経xTECH（クロステック）賞」受賞 ・公益社団法人「島財団」設立し「島ものづくり塾」をスタート	・ホールガーメント横編機累計出荷台数1万台 ・三笠宮彬子女王殿下が視察	・令和へ代替わり ・消費税10%に、軽減税率導入 ・京都アニメーションで放火殺人
2020	2	83	・和歌山市SDGs推進ネットワーク」設立、同組織の会長就任	・「オーダー・ニット・ファクトリー」を「フォルテワジマ」1階に移転	・新型コロナウイルスが感染拡大 ・安倍首相が退陣 ・漫画「鬼滅の刃」が大ヒット ・中国が香港の統制を強化
2021	3	84	・日本経済新聞「私の履歴書」に連載される		・記録的な大雪で各地で車両が立ち往生 ・大学入学共通テストがスタート

主要参考文献・映像

【文献】

・杉浦義朗『バーゼル展の横編機出品予想と見どころ』センイ・ジャァナル、1967年9月4日。
・中原悌二『最近の世界の繊維機械：バーゼル見本市の話題』村田機械社内報「NJSニュース」、1967年11月25日。
・『島精機、異議とおる』センイ・ジャァナル、1971年11月22日。
・『繊維不況苦に専務割腹自殺』サンケイ新聞大阪本社最終版社会面、1974年9月13日。
・『根深い繊維不況　島精機重役の自殺・県民にショック』朝日新聞和歌山版、1974年9月14日。
・『昭和55年版科学技術白書』文部科学省、1980年。
・『森精機、英国に技術センター』日経産業新聞、1984年9月8日。
・談話室『島精機製作所社長島正博氏―うれしい英国進出』日経産業新聞、1985年1月30日。

・交友抄『経営の師匠―島精機製作所社長島正博氏』日本経済新聞、1985年4月3日。
・児玉冨士男『相場に生きる　わが北浜風雲録』毎日新聞社、1988年4月。
・和歌山の空襲を記録する会『火の海〈和歌山県大空襲〉』平和のための大阪の戦争展実行委員会日本機関紙協会大阪府本部、1989年7月。
・『兜町から北浜から』毎日新聞証券面、1990年12月26日。
・島正博『全自動手袋編機の開発』発明協会和歌山県支部創立40周年記念史、1991年。
・シリーズ『シマセイキの歩み』島精機製作所の社内報、1991―1992年。
・米良章生『21世紀型企業像を求めて―情報・流通革新時代に勝ち残る企業とは』伊藤忠繊維月報1999年6月号。
・『創立50周年記念誌』発明協会和歌山県支部、2000年7月。
・疋田文明『実力企業強さの秘密　(株) 島精機製作所 (後編)』商工ジャーナル、2003年4月。
・江崎格、島正博『新春対談　愛する心が創造力の源』商工中金の社内誌、2004年1月。
・大塚隆史『元気がでる企業経営シリーズ:和歌山編　第5回　島精機製作所』野村證券金融研究所、2004年2月。

・相江智也『編み機「世界一」は、メード・イン・和歌山』朝日新聞be「フロントランナー」、2004年2月14日。
・『平成15年度繊維機械における技術革新と今後の方向性に関する調査研究報告書』日本機械工業連合会、日本繊維機械協会、2004年3月。
・『かけはしインタビュー』しがぎん経済文化センターの経営情報月刊誌「かけはし」、2004年4月。
・日経ビジネス2004年11月8日号『ひと烈伝　島正博氏』日経BP。
・馬木治美『森林平氏を悼む』日刊工業新聞、2005年3月7日。
・瀧壽行『私と労働委員会』月刊「労委労協」2005年8月号。
・商工ビジネスデータ『勝ち抜く経営戦略　2005経営者夏季セミナー講演録』商工ジャーナル、2005年11月。
・岡本弘『「自己実現組」に入ろう！　ハッピーへの近道』アスク、2005年11月。
・産経新聞大阪経済部『わたしの足跡―関西経済人列伝』産経新聞出版、2007年1月。
・村橋勝子『にっぽん企業家烈伝』日経ビジネス人文庫、2007年10月。

・村田純一『繊維機械に想う』日本繊維機械学会創立60周年記念講演の記録、2007年10月12日。
・野田隆弘『ミュンヘンITMA2007視察報告』岐阜市立女子短期大学研究紀要第57輯、2008年3月。
・辻野訓司『EVER ONWARD〜限りなき前進〜シマセイキ社長 島正博とその時代』産経新聞出版、2009年8月。
・『島精機50年史』株式会社島精機製作所、2012年12月。
・梶山寿子『紀州のエジソンの女房 島精機を支えた肝っ玉母さん・島和代物語』中央公論新社、2016年11月。
・山本優『マーちゃん 世界一を極めた発明王』新潮社、2016年11月。
・『Corporate Profile 会社案内』株式会社島精機製作所、2019年3月。
・合田周平『つながる力 世紀の発明家・島正博の源流と哲学』PHP研究所、2019年10月。
・梶山寿子『アパレルに革命を起こした男』日経BP、2019年11月。

【電子サイト】
・https://toyokeizai.net/articles/-/12186『上場会社　在任期間の長い経営者ランキング』東洋経済オンライン、２０１２年12月28日。
・https://www.shimaseiki.co.jp/irj/library/list.php?cate=3『Ever Onwardアニュアルレポート２０１２〜２０２０』株式会社島精機製作所。
・https://www.pref.wakayama.lg.jp/chiji/message/200704.html『ようこそ知事室へ　知事からのメッセージ平成19年４月』和歌山県。
・http://www.okochi.or.jp/hp/top.html『公益財団法人大河内記念会』ＨＰ。
・https://www.gereports.jp/edison-and-inventions/『ＧＥ　ＲＥＰＯＲＴＳ　ＪＡＰＡＮ』。

【映像】
・島精機製作所『ＥＶＥＲ　ＯＮＷＡＲＤ　島正博の半生』１９８９年。
・フジテレビ『20世紀の遺伝子　ＤＮＡ＃１７２』２００２年10月12日放送。
・ＴＢＳ『ブロードキャスター』２００４年12月11日放送。

・NHK和歌山放送局『わかやまNEWSウェーブ～シリーズ戦後60年～』2005年6月17日放送。
・NHK総合『経済羅針盤』2006年5月14日放送。
・BS朝日『be ON AIR!』2007年7月15日放送。

【題字（カバー・表紙）】　紫　舟
【装幀・本文組版】　星島正明

辻野訓司（つじの・さとし）
1961年大阪府生まれ。産経新聞社記者、わかやま市民生活協同組合職員を経て2019年からエルセラーン化粧品（株）広報部に勤務。

愛 氣 創造
シマセイキ創業者 島正博とその時代

令和3年9月5日　第1刷発行

著　　者　辻野訓司
発 行 者　皆川豪志
発行・発売　株式会社産経新聞出版
〒100-8077 東京都千代田区大手町1-7-2 産経新聞社8階
電話 03-3242-9930　ＦＡＸ 03-3243-0573
印刷・製本　株式会社シナノ
電話 03-5911-3355

ISBN978-4-86306-156-9 C0095